ISBN 978-0-656-58073-6
PIBN 11029130

1 MONTH OF
FREE
READING

at
www.ForgottenBooks.com

By purchasing this book you are eligible for one month membership to ForgottenBooks.com, giving you unlimited access to our entire collection of over 1,000,000 titles via our web site and mobile apps.

To claim your free month visit:
www.forgottenbooks.com/free1029130

Carnet de Campagne

du

Colonel de Villebois = Mareuil

Œuvres de ... ...
M... ... ...

arnet de Campagn

du

Colonel de Villebois = Mareuil

AVEC UNE PRÉFACE DE

M. le Vicomte E.-M. de VOGÜÉ

DE L'ACADÉMIE FRANÇAISE

———

Neuvième Édition.

PARIS

SOCIÉTÉ D'ÉDITIONS LITTÉRAIRES ET ARTISTIQUES
Librairie Paul Ollendorff
5o, CHAUSSÉE D'ANTIN, 5o

IL A ÉTÉ TIRÉ A PART

DIX EXEMPLAIRES SUR PAPIER DE HOLLANDE

NUMÉROTÉS

Préface

―――――

« *Toute mon ambition se borne à rester ici ce que*
« *je n'ai jamais cessé d'être : un soldat. Le moule en*
« *est d'ailleurs trop puissant en notre pays de France*
« *pour qu'on en libère sa vie, une fois qu'elle y fut*
« *coulée.* » — *Je relève cette profession de foi en tête
d'une lettre de Villebois-Mareuil, envoyée de Prétoria
à la* Liberté : *elle pourrait servir d'épigraphe au
journal de campagne qu'on va lire.*

*J'ai sous les yeux ces notes quotidiennes, prises sur
les routes du Transvaal, dans la hâte du bivouac. Le
narrateur a-t-il quelques heures de loisir ? L'écrivain
très doué qu'il était se fait alors reconnaître. Quand
le temps presse, les notes rapides ne sont plus qu'un
thème d'état-major, clair et substantiel. Commencé à
Lourenço-Marquez, le 14 Novembre 1899, le journal
s'arrête au 7 Mars 1900, un mois avant la mort du*

                                                    a.

colonel, au moment où il formait la petite troupe française avec laquelle il allait tenter une partie désespérée. On n'a pas retrouvé le carnet où il consigna ses dernières pensées. Comment ont-elles péri ? Égarées ? Prisonnières ? Ensevelies sous le tertre de Boshof, auprès du grand cœur d'où elles avaient jailli ?

Les parties que nous possédons intéresseront le lecteur à plus d'un titre. Elles attacheront surtout ceux qui sauront y lire le drame d'une destinée. Une suggestion tragique émane de ces pages et fait comprendre ce qu'était Villebois-Mareuil, ce qu'il cherchait, ce qu'il a trouvé.

Ce qu'il était ? Une des épaves d'un grand naufrage; une victime inconsolable des malheurs publics, et qui ne se résignait pas à accepter les déchéances de son pays, de son état dans ce pays. Soldat de race et de vocation, il était entré dans l'armée avec la foi enthousiaste d'un jeune lévite qui reçoit les ordres. Au temps où il avait agrafé sa première épaulette, un consentement universel aussi ancien que le nom français, glorifiait entre tous l'homme qui la portait; elle faisait de lui un être à part, tout en haut de l'honneur ; ce personnage insigne, l'officier, dans cette nation insigne, la France. Bientôt, la guerre éclatait ; la guerre, moisson de gloire certaine, croyait-il, unique raison de vivre ou de mourir pour les officiers de sa trempe. En quelques semaines, une part de sa belle confiance sombrait dans le sinistre de la défaite.

Une part seulement : dès le lendemain, tous les cœurs refaisaient un pacte avec l'espérance, toutes les volontés se bandaient fiévreusement pour la réparation prochaine. Ah! jeunes gens qui me lisez, comment vous faire sentir l'atmosphère d'alors, cette passion partagée par tout un peuple, passion obsédante du joueur qui vit nuit et jour dans l'attente de sa revanche? Villebois avait été promu capitaine pour sa belle conduite à l'armée de la Loire; son âge lui ouvrait un long crédit d'avenir; il se remit avec acharnement au travail professionnel.

* *
*

Tandis qu'il s'absorbait dans sa tâche, le temps marchait, porteur d'oubli; la révolte des premières années faisait place à l'accoutumance; les générations nouvelles se laissaient distraire par d'autres intérêts. Peu à peu, la nation s'évadait de ce qui avait été son idée fixe et le demeurait pour les hommes comme Villebois-Mareuil. Sentinelle immobile sur le roc du souvenir, il vit monter la mer indifférente : lentement, sûrement, elle submergeait le grand espoir dont il vivait. Son âme consternée perdit la foi qui l'avait soutenu après l'écroulement de 1871.

Des mœurs nouvelles et de nouvelles exigences modifiaient chaque jour l'instrument militaire. Autre *chagrin cuisant pour ce tenant de la tradition. Sous les mots anciens dont on pare encore la fonction transformée, il apercevait nettement les réalités; il voyait poindre à l'horizon l'aboutissement logique de notre évolution sociale, une bonne garde citoyenne substituée à cette famille mystique, l'armée. Incapable de réagir contre le découragement qui l'envahissait, le colonel donna sa démission.*

Il essaya d'autres emplois de son activité, dans la littérature, dans la politique. Passe-temps d'exilé, impuissants à divertir ses regrets. Comme il l'a si bien dit, rien ne pouvait libérer sa vie du moule où elle avait été coulée. D'un geste instinctif, héréditaire, il cherchait toujours à son côté la chère absente, l'épée. Villebois la sentit frémir, le jour où la Vendée africaine offrit à tous les dévouements disponibles l'attrait d'une noble cause à servir. La tentation était trop forte sur ce soldat déraciné. Prisonnier de la vie médiocre, de la vie civile, sans action, sans danger, sans gloire, sans commandement, il partit comme un captif s'échappe de sa geôle.

Disons plus juste : il se croisa. — « Lors je me « partis de Joinville, raconte le bon sénéchal, sans « rentrer au châtel jusques à ma revenue... Je ne voulus « onques retourner mes yeux vers Joinville, pour ce

« que le cœur ne m'attendrit du beau châtel que je
« laissais et de mes deux enfants. » — Ne vous
semble-t-il pas entendre notre contemporain, qui
s'enfuit, lui aussi, sans revoir les siens, sans même
embrasser la jeune fille qu'il leur léguait? — Il se
croisa; c'est le mot qu'il faut toujours reprendre quand
on parle des hommes de cette lignée. Ils obéissent
encore, après tant de siècles, à l'appel des aïeux qui
allaient au Saint-Tombeau. Leurs croisades modernes
ont changé de nom et de but; ils vont émanciper
l'Amérique avec La Fayette, libérer la Grèce avec
Fabvier, défendre les Boers avec Villebois-Mareuil.
En quelque lieu de la terre que s'élève un cri de
détresse, c'est toujours le même élan qui les y porte,
la même quête d'un idéal chevaleresque, la même
impatience de verser pour des malheureux le trop
plein du sang de France.

Hélas! une même désillusion les attend partout.
Elle se trahit à chaque page dans le journal du colonel;
on croit relire les récits tout pareils rapportés de Grèce,
il y a quatre-vingts ans, par nos philhellènes désa-
busés. Certes, Villebois trouva au Transvaal de très
braves gens, qui l'accueillirent avec une sympathie
touchante; il rend hommage à leurs vertus, à leur
héroïsme. Mais on sent qu'il n'y eut jamais de pénétration, pas même de contact intellectuel, entre l'officier
européen et ces paysans d'un autre monde, d'un autre
âge.

Des leudes féodaux, dit-il; « tout est antique dans

les idées comme dans les procédés des Boers ». Les méthodes de combat qu'il vient leur enseigner restent pour eux de l'hébreu. Cette « guerre immobile » le désole ; la moindre offensive aurait des résultats fou-droyants, il ne cesse de le dire, il prêche à des sourds. Le colonel ressent l'énervement d'un bon joueur qui voit ses partenaires perdre une partie magnifique, avec tous les atouts en main. Chef sans troupes, affamé d'action, il erre dans les camps boers en amateur, hors cadres. A tout instant, il pousse pour son propre compte des reconnaissances hardies, il en rapporte des conseils qu'on écoute avec déférence, qu'on ne suit jamais. La routine est la plus forte.

La routine, et la prudence politique. Elle paralyse le commandement dans cette république guerroyante.. — « La politique joue un grand rôle dans toutes les décisions militaires, les chefs se gardent des respon-sabilités... Une sorte d'habitude du suffrage universel, qui met de perpétuelles lisières à la volonté par le besoin de la conformer en tout à la volonté générale, donne au commandement boer des timidités incoerci-bles.» — Villebois revient en vingt endroits sur les deux causes qui stérilisent tant de bravoure et de dévoue-ment : la crainte des responsabilités chez le général,

l'individualisme ombrageux chez le soldat. Ce dernier abandonne le champ de bataille avant la fin d'un engagement décisif pour aller se reposer dans sa famille ; il traite sur un pied d'égalité avec les chefs. Tous les portraits des généraux boers crayonnés dans le journal se ressemblent par un trait : l'indécision, la répugnance à donner un ordre. Le narrateur laisse échapper toute sa pensée, le jour où il va jusqu'à dire que ces chefs bourgeois et politiciens « représentent assez exactement ce que produiraient chez nous MM. — ici les noms de quelques-uns de nos parlementaires les plus typiques — si on les crêtait de la plume blanche pour les lancer à la tête de nos escadrons. » — Il ne fait exception que pour Botha; et il n'avait pas eu encore l'occasion de connaître l'intrépide De Wet.

N'allez pas croire que notre compatriote soit injuste pour le peuple exemplaire qui attend la mort derrière ses kopjes et la subit stoïquement avant de livrer son sol. Non; ce qui l'exaspère, c'est l'absurdité de cette attente, la subordination perpétuelle aux convenances d'un adversaire vaincu qui règle les mouvements de son vainqueur; c'est l'inutilité de ces beaux sacrifices, faute d'un peu de discipline et de stratégie. Villebois se sent dépaysé, perdu, comme un

cheval de sang entravé au milieu d'un troupeau de bœufs; et il les voit aller à l'abattoir, de leur pas lent, au lieu de foncer sur le bouvier qui les y pousse.

Son isolement intellectuel et moral apparaît bien dans sa description de la nuit de Noël. A cette heure où les cœurs éprouvent le besoin de se rapprocher dans une effusion de souvenirs et de sentiments communs, avec qui va-t-il boire fraternellement une coupe de vin de champagne? Avec les amis boers qu'il est venu secourir? Non; avec des officiers allemands, les enne-mis-nés qu'il a toujours rêvé de combattre. Il s'étonne lui-même de ne retrouver que sous leur tente quelques lointaines effluves de la patrie, de la famille. C'est qu'ils sont malgré tout de sa famille : Européens, officiers, nourris de la même culture, dévots de la même religion militaire.

* * *

Le colonel s'était rendu d'abord au Natal, durant la période où les républicains n'avaient qu'à vouloir pour jeter les Anglais dans la Tugela. Ladysmith est sous la main comme un fruit mûr. Il s'efforce d'en-doctriner Joubert, de rallier ces commandos qui prennent racine sur leurs positions; peine perdue; on approuve ses raisonnements, on ne bouge pas. Rebuté de ce côté, il se porte sur l'autre frontière, vers Kimberley. Là encore, il ne faudrait qu'un coup de vigueur pour s'emparer de la place aux abois. Cronje reste aussi réfractaire que Joubert à toute suggestion tactique; il livre passage aux Anglais, se laisse cerner; comme tous les autres, il ne sait être sublime que par l'abnégation et le courage dans le malheur qu'il n'a pas su conjurer. A la date du 4 Mars, Villebois resume ses impressions sur la campagne et sur le tempérament militaire des Boers; on lira les appréciations que lui dicte son expérience : elles contrastent singulièrement avec les opinions accréditées chez nous. Il conclut sur ces mots: « Le désastre apparaît certain; ce n'est plus qu'une question d'heures. »

Ainsi, il jugeait la situation désespérée, lorsqu'il put enfin former cette petite colonne indépendante, — une soixantaine de Français et d'Européens, — avec laquelle il eût voulu donner la leçon de l'offensive avant qu'il fût trop tard. Quand il en prit le commandement, Villebois-Mareuil n'avait plus qu'un seul dessein, suprême pensée qui perce à maintes reprises entre les lignes de son carnet : cette pensée n'était plus pour les Boers, mais pour la France, pour son armée. Il s'était juré de laisser au fond de l'Afrique un souvenir impérissable de la valeur française; il avait résolu de montrer à tous, amis ou ennemis, comment savent mourir les soldats de sa race. Il le montra à Boshof.

*
* *

Ne lui devrions-nous que cet écrit testamentaire, son sacrifice n'aurait pas été inutile. Cette déposition capitale réformera chez nous des engouements erronés et dangereux. La résistance des Boers, alors qu'ils semblaient invincibles, avait encouragé les partisans des milices volontaires, du peuple armé, de toutes les chimères du même ordre. Un témoin oculaire et compétent nous renseigne sur l'unique raison de ces succès sans lendemain : ils ne furent dus qu'à la prodigieuse incapacité d'un adversaire aussi peu manœuvrier que les Boers eux-mêmes. Avec des vertus morales très rares dans les démocraties de l'ancien monde, avec un entraînement physique et une science du tir qu'on ne trouverait chez aucun autre peuple, les soldats citoyens et les généraux improvisés du Veldt n'auraient pas tenu devant quelques vieux régiments, bien disciplinés, vivement conduits. Une armée tant soit peu exercée les eût culbutés au premier choc. Villebois l'a clairement vu et nettement dit : en dépit de leurs admirables qualités individuelles, ces pauvres burghers étaient mis en infériorité, dès le début, non seulement par le nombre de leurs adversaires, mais par leur propre défaut de cohésion, de discipline, de commandement. — Telle est l'opinion du bon juge militaire qui alla leur offrir sa vie et ne réussit pas à les éclairer

Puisse-t-il éclairer la patrie qu'il a voulu glorifier par des actions où elle reconnut un de ses fils!

Écoutons le témoin qui parlera ici avec la double autorité de sa vie et de sa mort. — On excusera ces lignes préliminaires; elles expliquent l'origine et la signification d'un document; elles ne prétendent rappeler à personne, en France, avec quel pieux respect nous devons entendre la voix posthume du héros de Boshof. Le journal (1) qui va s'honorer par cette publication m'avait demandé de rendre un dernier hommage au colonel de Villebois-Mareuil. J'ai accepté ce devoir. Je le regrette presque. Je sens trop la faiblesse et la vanité de mes paroles, en regard de ces actes virils. Sur la tombe perdue dans la brousse africaine, il n'eût fallu graver qu'un verset du livre des Macchabées, celui où il est dit de Judas : « Par lui se dilata la gloire de son peuple; il fut nommé jusqu'aux extrémités de la terre, et il rassembla ceux qui périssaient ».

E.-M. DE VOGÜÉ.

---

(1) *Cette Préface a paru dans le journal* La Liberté.

LE CARNET DE CAMPAGNE

AU TRANSVAAL

Du Colonel de Villebois=Mareuil

I

24 *novembre* 1899. — Départ de Lourenço.
La route suit un crook de la baie et entre
bientôt dans un pays plat chargé de brousse,
d'arbres peu élevés, de roseaux et, çà et là, de
gros bouquets de palmiers nains; puis, la
jungle s'épaissit, l'herbe est dure et coupante.
La plaine est sillonnée de ruisseaux, dont l'eau
douteuse disparaît sous les hautes herbes. La
contrée est verdoyante.

Un nuage de sauterelles passe; elles pleu-
vent sur le train comme en Algérie. Les ruisseaux stagnants rendent toute la contrée mal-

saine; l'herbe en est dangereuse pour les chevaux. Aux stations, des Cafres, petits, s'approchent avec des cages d'oiseaux.

Dans notre train se trouvent cinq Allemands probablement des militaires. Nous apercevons d'immenses espaces boisés et déserts, qui seraient un beau terrain de chasse puisqu'on trouve encore le lion, s'ils n'étaient infestés par la mouche tsé-tsé ; de petits mamelons indiquent des fourmilières. Les girafes sont assez nombreuses, quoique le chemin de fer ait fait reculer cet animal timide.

Une armée qui voudrait gagner le Transvaal en partant de Delagoa aurait beaucoup à souffrir de la *malaria* et du manque d'eau potable. Il lui serait impossible de séjourner dans ces solitudes empestées.

Cependant, la voie suit une belle rivière aux bords plats, à l'eau limpide. Le train dépose des provisions le long de la route. De bons nègres, vêtus d'invraisemblables costumes européens, prennent le train.

A Koomati Port, la frontière. Au moment

où nous traversons Koomati, qu'on passe sur un pont en fer, nous avons l'heureuse surprise d'apercevoir un drapeau français ; il flotte au-dessus d'une distillerie, dont le propriétaire tient le buffet de la gare.

La douane est exacte et minutieuse, mais d'une correction sympathique et familière. On me fait donner ma parole que ma caisse de sellerie ne contient rien qui soit soumis aux droits, et c'est à peine si l'on regarde une de mes cantines. Par contre, on examine soigneusement les passeports ; cette opération amène le renvoi de deux étrangers. On prend les armes ; néanmoins, mon sabre et mon revolver me sont laissés.

La descente est rapide ; devant nous, l'horizon est borné par de très hautes montagnes. Nous courons sur un plateau. Des arbres épineux sont espacés sur un semblant de prairie, comme certains vergers dans des parties du nord de l'Afrique et du sud de l'Espagne.

Puis, un superbe cirque de montagnes s'offre à notre vue. Puis encore le train file sur un immense plateau boisé.

Un jeune homme de seize ans monte avec nous. C'est un Boer qui, aidé de deux camarades, vient de conduire 25 prisonniers anglais (chauffeurs, machinistes, etc.). Les soldats restent à Pretoria; ils sont au nombre de 1.560. Les jeunes gens ont pris le service de la police et des escortes. Polis, simples, pas emballés, tous ces Boers sont étonnants de calme dans le succès, mais enragés contre les Anglais.

Sur une terre rouge, des arbustes, des buissons, des touffes de maquès et, autour, des montagnes nues, hérissées de gros blocs et comme formées de conglomérats de roches, des plateaux boisés mais inhabités, superbe jungle à gibier, malheureusement empestés de fièvre avec les rivières qui les traversent. Ce pays deviendrait un effroyable cimetière, si la défense s'y prolongeait.

Nous entrons dans un défilé de montagnes

rocheuses et couvertes de jungle, la rivière à droite, la voie à 40 pieds au-dessus, les montagnes tombant à 60° sur les cours d'eau. Il serait impossible à une troupe de passer.

Après Nelspruit station, le plateau s'étend à perte de vue avec de petits mamelons à l'horizon. Çà et là, de la verdure, de la brousse, une rivière coulant entre des bois.

Toutes les gares sont entourées d'eucalyptus; on se croirait sur la ligne d'Alger, si la propreté élégante du Transvaal ne contrastait avec le laisser-aller algérien.

25 *novembre*. — Watterwal Onder. Nous avons dîné et passé la nuit chez un Français, M. Mathis, qui a créé là une belle factorerie avec hôtel, plantations, jardin, sans compter une maison d'habitation dans la montagne. Aimable, intelligent, actif, très apprécié au Transvaal où il fait honneur à la France, notre hôte nous a cordialement reçus. Grâce

à lui, nous avons retrouvé de la vraie cuisine française, ce qui a bien son prix dans l'Afrique australe.

Après dîner, j'erre dans les plantations, la nuit est splendide, et c'est une fête d'étoiles; les eucalyptus embaument. L'air est si pur et si frais que je me demande si je ne suis pas venu faire une cure d'air en Afrique; je sens en moi l'élasticité des grandes altitudes. En revanche, loin du mouvement du bord et de l'assoupissement de la mer, je dors peu et j'attends l'aube avec impatience.

A huit heures du matin, départ. Le train monte avec des machines à grappin la barre rocheuse qui nous sépare des hauts plateaux. Nous entrons dans un défilé superbe, formé par des montagnes qui semblent des murs de forteresse, supportant des talus verdoyants ; le torrent coule au bas, jaune du sable qu'il entraîne. Puis nous quittons les derniers arbres et arrivons à la région des pâturages et des fermes boers, à Watervalboven, où se trouve un hôtel anglais qui partage avec celui de M. Mathis la couchée des voyageurs.

Hier soir y est arrivé un petit convoi de prisonniers expulsés de Johannesburg Ils sont gardés par de jeunes Boers pendant leur dîner à l'hôtel, puis réintégrés, pour la nuit, en wagon. Ils sont silencieux et préoccupés.

26 *novembre*. — Le dimanche, à Pretoria, c'est le repos complet; pas la moindre distraction. Je n'aurais rien eu à faire sans l'amabilité de M. Aubert, consul de France, et de sa famille qui, de dix heures du matin à dix heures du soir, se sont emparés de moi. Hier, à la descente du train, j'avais trouvé la plus chaude réception auprès de lui et de Mlle Aubert, vraie Française comme son père, parlant comme lui le hollandais et mettant son entrain et son dévouement au service de tout ce qui peut profiter à la France et la faire aimer et comprendre.

Logé au Grand-Hôtel, très luxueux et confortable, j'ai dormi d'un profond sommeil, car le voyage m'avait fatigué. Ce matin, après avoir assisté à la messe dans un couvent, j'ai attendu la visite d'Holboom et celle du consul, dont les conseils étaient pour moi pleins d'intérêt. Je me rends compte que je ne me rendrai utile qu'en me montrant très simple et réservé pour me faire accepter et que mes conseils devront être, au début, des moins insistants. Je crois, néanmoins, qu'avec du tact et de la persévérance je réussirai à rendre aux Boers quelques services.

Il y a à l'état-major du général Joubert trois ou quatre anciens officiers allemands, avec qui je ferai probablement ménage commun et certainement bon ménage.

J'ai déjeuné chez M. Aubert et, en causant avec lui, je me suis rendu très exactement compte des opérations. Dès le 2 octobre, le Conseil exécutif de Pretoria devait envoyer l'ultimatum, mais il avait attendu jusqu'au 8, la mobilisation du Free State (État libre) n'étant pas prête; dès le 11, la période d'hostilité était virtuellement ouverte: M. Conyingham Green faisait ses adieux au Gouvernement, la loi martiale était proclamée, et l'ordre d'envahir le Natal et le Bechouanaland était donné aux troupes boers.

Le 12 octobre, le général Joubert entrait dans le Natal par Langs'neck; un commando boer marchait de Wryheid sur Dundee avec Colenso comme objectif ultérieur. Un commando du Free State passait par le défilé de Van-Rœnen, afin de déborder Ladysmith, but des opérations du général Joubert.

Les engagements se poursuivaient à partir du 20. A Elandslaagte, le général Kock se repliait en raison de son infériorité numérique, mais le corps allemand et hollandais n'ayant pas suivi l'exemple des Boers et s'étant laissé aborder, il allait à son secours et se faisait battre et blesser.

Le 11 octobre, le général Cronje, le même qui arrêta Jameson, passait la frontière du Bechoua-

naland, détruisait la voie ferrée de la Rhodesia, sur laquelle se trouvait arrêté un train
de dynamite qui faisait explosion. Ce train
avait été abandonné là par le mécanicien, pour
faire sauter les Boers, mais cette tentative ne
réussissait pas. Le général Cronje prenait un
train blindé et marchait sur Mafeking. Les
Boers de l'Orange se dirigeaient sur Kimberley,
se rendaient maîtres de la canalisation des
eaux et faisaient sauter les ponts du Val et de
la Modder Sud.

Le 20, le commandant Lucas Meyer, avec
600 Boers, attaquait 4.000 Anglais à Dundee;
mais, n'ayant pas obtenu le concours attendu,
se repliait après dix heures de lutte, emmenant 1 canon, 9 officiers et 175 hussards anglais.

Le 21, le général Kock, avec 700 hommes,
y compris le corps allemand de Johannesburg
et le corps hollandais de Pretoria, était attaqué
par les troupes de Ladysmith et de Dundee à
Elandslaagte et battu. Les Boers s'étaient
retirés en voyant la supériorité de l'ennemi,

mais les Allemands et les Hollandais, qui tenâient bon, faisaient demander des renforts; Kock eut le tort de les écouter, au lieu de leur réitérer l'ordre de battre en retraite. Résultat : 183 Boers, Allemands et Hollandais faits prisonniers dont beaucoup blessés et, parmi ces derniers, Kock, qui mourut. Les pertes anglaises à Dundee et Elandslaagte (général Symons) étaient de : tués, 3 officiers supérieurs, 3 officiers subalternes, 46 soldats ; blessés : 6 officiers supérieurs, 16 capitaines, 15 lieutenants, 26 sous-officiers, 175 soldats.

Lorsque les Boers prirent Dundee, ils trouvèrent 300 morts et 190 blessés. Les prisonniers, 9 officiers et 200 soldats, envoyés à Pretoria, y furent reçus sans un cri et très bien traités, alors que les prisonniers boers avaient été insultés à Ladysmith.

Les soldats anglais ont été cantonnés dans l'enclos du champ de courses, et les officiers logés dans un bâtiment destiné aux objets que le **Transwaal** se proposait d'envoyer à l'Exposition universelle de Paris. Ils ont demandé un jeu de foot-ball pour se distraire; immédiatement, les Boers ont fait droit à ce désir.

Au cours des opérations, les Anglais ont fait un véritable abus du drapeau blanc, soit pour sortir leurs troupes d'embarras, soit sous le fallacieux prétexte de protéger les femmes et les enfants.

A Ladysmith, les Anglais avaient 7 batteries, 4 régiments de cavalerie, 4 régiments d'infanterie, 1 compagnie du génie, des compagnies d'infanterie montée, renforcées par de l'infanterie et 1 batterie de montagnes, en tout 16.000 hommes. L'investissement de Ladysmith a eu lieu dans la nuit du 29 au 30 octobre; les Royal Irish fusiliers et le Gloucester régiment, qui ont voulu tenter une sortie avec la 10ᵉ batterie de montagne, ont été enveloppés et se sont rendus. Les Boers ont pris 5 canons, 42 officiers et 1.200 hommes, qui ont été internés à Pretoria.

Au 1ᵉʳ novembre, les pertes étaient évaluées

pour les Anglais à 5.5oo tués ou blessés; pour les Boers, à 5oo, y compris les prisonniers faits à Elandslaagte.

Mafeking a été très bien défendu par le colonel Baden Powel avec 3.ooo hommes. Malgré la prise de deux fortins et le bombardement, la ville tient toujours. Un gros de soldats du Free State (État libre) garde la frontière sud.

Le simple fait suivant donnera une idée des indignes procédés des Anglais : le 3o octobre, les soldats d'un régiment de lanciers se précipitaient sur les Boers qui s'étaient rendus ou qui étaient blessés et leur criaient : *No mercy for you, damned Boers!* « Pas de merci pour vous, Boers que Dieu damne ! »

Les Boers, ayant appris cet acte abominable, furent naturellement indignés, mais ils surent bien prendre leur revanche : 7oo soldats de l'État libre se trouvaient près de Moddersprint, au nord-ouest de Ladysmith; leur chef

leur ordonna de laisser approcher les troupes anglaises qui tenteraient une sortie et
de ne tirer que quelques coups de feu, pour
laisser croire que la position n'était que faible-
ment défendue. Les lanciers sortirent : à
3oo mètres, un feu de tirailleurs précipité
leur infligea de grosses pertes; ils revinrent
à trois reprises, sans se rendre compte qu'un
mouvement enveloppant se dessinait autour
d'eux, et tous furent tués, sauf 5. Ce fait produisit une impression considérable à Ladysmith, d'où la cavalerie refuse maintenant de
sortir, et depuis lors tout se borne à une canonnade. Pourtant, une sortie a été faite le 15;
mais elle a été refoulée par les pièces de 155.
Le général Joubert a permis aux blessés, aux
femmes et aux enfants de sortir et de camper
hors de la ville.

Une colonne volante, envoyée vers le sud, a
occupé Colenso, sur la Tugela, et s'est avancée
jusqu'à Estcourt, qui est très fortifié et cou-
vre Moritzburg. Elle a pris 1 train blindé,
1 maxim et fait 55 prisonniers, dont 2 officiers

et 1 journaliste, le fils ainé du feu lord Randolph Churchill; les Anglais ont eu, en outre, 10 morts et 14 blessés. Du côté des Boers quelques soldats ont été blessés légèrement.

Au sud de l'État libre, des commandos ont franchi la frontière, pris Colesberg, Aliwal North, Burgersdorp et Albert Junction; ils ont été reçus avec enthousiasme. Les Anglais songent d'abord à secourir Kimberley, à cause de Cecil Rhodes qui y est enfermé.

II

27 *novembre*. — J'ai vu, aujourd'hui, le secrétaire d'État, M. Reitz, qui accepte mes services et m'a dit de me considérer, dès maintenant, comme l'hôte du Gouvernement, mais ne veut m'envoyer « sur le front », comme disent les Boers, qu'avec un introducteur chargé de me faire traverser les lignes. J'ai vu aussi le consul de France, à Johannesburg, qui m'a invité à aller le voir et m'a proposé aimablement de me faire visiter les mines. J'ai accepté et je ferai route demain avec Holboom pour revenir le soir. J'attends la sortie du président Krüger; des policemen à pied font la haie; des policemen à cheval se tiennent face au palais du Gouvernement.

Le président sort, salue et monte en voiture. C'est bien la tête qu'on connaît, avec
des lunettes et un haut de forme.

Le plan anglais se précise d'après les grandes lignes que chacun pressentait :

1re division : général lord Methuen, base
Capetown, base avancée De Aar Junction,
ligne d'opérations ligne de la Rhodesia ; —
2e division : sir Cornelius Cléry, base Port-
Élizabeth, base avancée Colesberg ou Naauw-
poort, ligne d'opérations Port Élizabeth,
Bloemfontein, Pretoria ; — 3e division : sir
Gatacre, base East-London, base avancée
Stormberg, station près Molteno, direction
sur Bethulie pour rallier le 2e ou Aliwal-
North.

Enfin, sir White conservait Durban comme
base et Ladysmith comme base avancée dans
le plan primitif, mais il est probable qu'on ne
lui permettra pas d'y intervenir. Ce plan en
quatre colonnes, avec un objectif aussi éloigné

que Pretoria et Johannesburg, rappelle celui
de lord Chelmsford lors de l'invasion du Zou-
louland ; il appellera de grands désastres sur
ceux qui l'assument, si les Boers savent se jouer
des lignes intérieures et se jeter hardiment
entre ces colonnes.

Des procédés radicaux ont été employés
pour faciliter la guerre. On a fait partir tous
les étrangers hostiles sans presque intervenir,
uniquement par des notes tendancieuses qui
ont eu ce résultat que le territoire était évacué avant la déclaration de guerre. La population nègre occupée dans les mines a été
renvoyée et jetée en tas dans les possessions
portugaises. Le Gouvernement du Transvaal a
évacué gratuitement ceux qui étaient sans argent; mais le Portugal s'est refusé à laisser ces
malheureux monter dans les trains sans payer,
si bien que les pauvres diables ont dû faire à
pied les 90 kilomètres de brousse et de marais
qui séparent la station frontière de Lourenço.

On a placé les mines sous séquestre, sauf les huit qui sont exploitées par le Gouvernement avec une police spéciale des mines, destinée à les préserver de tous dégâts.

On a interdit la circulation par voie ferrée aux personnes non munies de permis spéciaux.

On a interdit la circulation dans Johannesburg aux noirs à partir de sept heures.du soir, aux blancs à partir de neuf heures.

On a fermé tous les bars ou, plutôt, interdit toute vente de vin et d'alcool, aussi bien dans les hôtels et les clubs que dans les bars. Ces derniers ont donc fermé. Je m'étonnai, à l'hôtel, de voir tout le monde demander de l'eau minérale ou de l'eau pure ; c'est alors qu'on me donna le mot de l'énigme.

On est ici radicalement soldat, et tout se passe sans phrases. C'est peut-être ennuyeux à la longue, mais bien pratique en temps de guerre.

Un docteur, avec lequel j'avais voyagé, m'avait manifesté le désir de venir, croyant qu'on offrait jusqu'à trois livres par jour aux médecins étrangers. C'était une erreur; il n'y a, à cette date, que 90 tués et 200 blessés du côté boer, et l'on a multiplié des moyens sanitaires, où la charité privée s'emploie largement. Dans l'ambulance dont fait partie Mlle Aubert, fille du consul de France, il y a des blessés atteints à en mourir qui s'en tireront très gaillardement : Il y a ici quelque chose de si extraordinaire — est-ce l'air du pays? est-ce le sang des Boers? — que les guérisons stupéfient les médecins.

28 novembre. — Nous sommes arrivés hier soir à Johannesburg. Quand on entre, la nuit, dans la région des mines, on est saisi par l'intensité de vie humaine qui se dégage de ces longues lignes de feux électriques, signalant les puits, dont ils marquent comme l'âme même, à l'heure où, par absence de mouvement, ceux-ci semblent plongés dans la mort.

De loin en loin émergent dans l'obscurité une carcasse d'échafaudage, une cheminée d'usine, une rangée d'habitations ouvrières. Après neuf heures du soir, on ne circule, dans les rues de Johannesburg, qu'avec une autorisation spéciale, distincte du permis de chemin de fer que la police octroie aux voyageurs qui veulent prendre le train.

M. Hofer, ancien officier de marine, secrétaire général de l'*Océana,* grande compagnie qui se lie à celle de Mozambique et du Sud-Est africain, m'offre l'hospitalité dans une luxueuse habitation que nous gagnons à pied, car les voitures ne marchent plus le soir. La solitude est absolue, et si nous ne rencontrions les gens de police qui nous arrêtent au passage, nous pourrions nous croire dans une ville morte.

Ici, le courant d'idées est plutôt anglais de la part de gens dont on a dérangé les habitudes anglaises et le commerce anglais. A Pretoria on exaltait la façon dont la Compagnie des chemins de fer avait opéré les mouvements

des Boers et la rapidité des embarquements ;
à Johannesburg, on en rabat beaucoup et on
juge son effort plus qu'ordinaire.

Hier, j'avais visité les ateliers de cette compagnie et les avais trouvés remarquablement
tenus. On voyait qu'elle s'était mise en quatre
pour le Gouvernement boer ; on fabriquait
des voitures d'ambulance, des plates-formes
d'affût. Il y avait pas mal de matériel garé, y
compris des trucs chargés, de maigres prises
du Natal, où j'ai remarqué pourtant une voiture neuve que son acquéreur attendra vraisemblablement toujours. Au point de vue
militaire, on parlait du combat de Belmont
dont, à mesure que les détails se précisent,
il devient plus difficile de connaître le résultat.
Cependant il semble que les Boers, trop peu
nombreux, ont perdu la position et que les
Anglais se rapprochent de Kimberley. Le général Cronje se porte dans cette direction,
mais avec quel effectif ? Les pertes des Anglais,
même ramenées à 1.500, sont fortement exa-
gérées.

Le consul m'attendant ce matin, M. Hofer
m'a conduit chez lui en voiture, car dans cette
ville, taillée sur les mesures coloniales anglaises, les distances sont longues. La ville est en
sommeil ; les magasins sont fermés et barri-
cadés ; les habitants semblent s'être évanouis ;
les villas sont closes. M. Tolomias me mène à
la *Ferreira*, dont le directeur, M. Walker, un
ingénieur français, inspecteur des mines pour
le Transvaal, a pris la direction, après le départ du directeur et du personnel anglais.
Sympathique, intelligent, très français, il a
tout réorganisé; il obtient actuellement le
même rendement et a même amélioré les
conditions d'exploitation. Cette mine est une
des huit qui marchent pour le compte du Gouvernement boer, c'est une des plus anciennes
et des meilleures. Je visite deux puits d'extrac-
tion ; le minerai est remonté dans une cage
par une machine à vapeur ; le transport se fait
à l'aide de wagonnets mus par l'électricité. La
première opération est le broyage du mine-
ai au moyen de pilons qui le pulvérisent ; la

poussière passe sur du mercure ; l'amalgame
retient 60 p. 100 d'or. Des wagonnets transpor-
tent les résidus à la cyanuration où, par des
précipités, on retrouve encore 30 p. 100 d'or.
Ce qui peut rester est obtenu par l'électricité ;
on le fait passer à travers des piles dont le
plomb retient l'or, lequel reste seul après vo-
latilisation du plomb. Enfin, comme des éléments mêlés à des pyrites échappent à tous
ces procédés, on les envoie à la chloruration,
dont l'opération s'effectue, pour toutes les
mines, à la *Robinson*. Toutes ces opérations,
menées mécaniquement à grand renfort de
cuves, de machines élévatoires, de lavages, de
précipités chimiques sont contrôlées scienti-
fiquement jusqu'à l'infini par des chimistes,
ce qui permet d'affirmer qu'on extrait du minerai tout son or jusqu'à une proportion infi-
nitésimale. L'eau même, précieuse à cette hauteur et obtenue par des barrages qui, après
bétonnage, transforment en vastes citernes
des trous creusés dans le terrain, est reprise,
non sans avoir été purifiée des boues qu'elle a

lavées et que la perfection des procédés lui a toutes reprises.

Un grand déjeuner est offert, en mon honneur, par le consul aux principaux membres de la colonie française. J'ai pour voisins M. Duval, chargé actuellement des intérêts de toutes les mines, et M. Hofer.

Je visite l'ambulance française : 47 lits y ont été installés, grâce au dévouement du consul et de la colonie, chez les frères maristes, dont les écoles comptent en temps ordinaire 800 élèves de toutes religions et de toutes races. La présidente, Mme de Ferrière, très distinguée et très aimable, nous reçoit et nous fait admirer l'intéressante organisation de cet hôpital improvisé.

A la nuit, je visite le sous-sol de la mine ; je descends par les échelles dans la première galerie, presque épuisée aujourd'hui, puis, par la cage, dans la dernière à 1.500 pieds. Entre les deux galeries, des cheminées d'exploitation mises en travail de 400 mètres en 400 mètres. Les noirs, sur une longue ligne, forent le roc pour faire le logement destiné à la dynamite ; on leur indique la profondeur et la direction. Quand leur tâche est finie, ils s'en vont ; en général, 7 ou 8 hommes sont payés 2 shillings par jour, nourris et logés. Les blancs placent la dynamite à la fin du travail, et les explosions se font durant les relèves des équipes de jour et de nuit, soit deux par vingt-quatre heures. Le terrain est ainsi recoupé de plus en plus près entre les deux galeries ; on n'abandonne l'emploi de la dynamite que lorsqu'il ne reste plus que des piliers de roc qui, avec le boisage, maintiennent la voûte.

Le minerai aurifère, en raison du brillant du quartz, se reconnaît très facilement du stérile.

29 novembre. — Départ de Johannesburg à
sept heures. Nous avons une vue très pittoresque
sur les longs alignements de cheminées et de
puits qui suivent le filon jusqu'à grande distance de la ville. Beaucoup de monde dans le
train : j'ai pour compagnons un capitaine d'artillerie, petit-fils du président Krüger, et un
aimable secrétaire de la Croix-Rouge de Johannesburg, qui parle couramment le français et
me donne des détails sur Ladysmith, d'où il
arrive; il m'apprend que les généraux Cronje
et Delarey viennent, sur la Modder River, d'in-
fliger une défaite complète au corps de secours
anglais envoyé à Kimberley. Le général Delarey écrit : « J'ai 11 tués et blessés parmi lesquels

2.

mon fils aîné, qui est mort ce matin. » Le général Joubert se prépare à une affaire à Colenso avec l'ennemi venant d'Estcourt.

30 *novembre.* — Attente à Pretoria.

1ᵉʳ *décembre.* — Je vois aujourd'hui mon introducteur auprès du général Joubert, M. Edward Rooth, un homme charmant qui veut bien se charger de me trouver un boy; je vais avec lui acheter des effets de pansage, des entraves, etc., puis il me mène à son club et m'y fais recevoir membre honoraire. Il ne me reste plus qu'à acheter un costume khaki et je suis prêt à partir.

Je fais la connaissance d'un ménage français établi au Transvaal depuis dix ans. Le mari, M. Jacques, est un ouvrier tapissier qui possède une certaine aisance et des économies. Il me raconte l'exode des Anglais et me dit que leurs ouvriers dépensent tout leur salaire et ne font aucune économie. Je visite Sunny-side, le quartier des villas, joli, fleuri, mais pas gai, probablement parce que les arbres sont presque tous des saules et des cyprès. C'est la saison des fruits; ils sont excellents mais rares. Ici, le commencement de décembre équivaut à la fin de mai en France.

8 *décembre*. — J'ai déjeuné au club où j'avais été invité par M. E. Rooth, avec M. Reitz, M. Aubert, M. Stewart qui doit m'accompagner « au front », etc. Leur amabilité à tous est extrême, et je me fais une joie de partir sous leurs auspices.

C'est un grand honneur que m'a fait M. Reitz en se dérangeant pour moi, alors qu'il est surchargé d'une besogne écrasante. Très intelligent, très instruit, il parle suffisamment français et connaît bien notre histoire. Il m'a fait un grand éloge de Richelieu à propos d'un

Plessis, réfugié français au Transvaal, qu'il suppose avoir eu dans son ascendance une parenté avec le grand cardinal. Les Boers ont toujours sur le cœur la révocation de l'Édit de Nantes; toute réaction contre les protestants leur est cruelle; mes nouveaux amis y ont fait allusion à propos de l'affaire Dreyfus. Il est assez difficile de leur faire admettre qu'il y a une différence considérable entre les protestants étrangers qui se sont introduits en France et nos protestants français, différence qu'on ne fait pas assez chez nous où l'on a une tendance à généraliser. Les Boers sont très préoccupés aussi par la question juive, mais il faut reconnaître qu'il y a ici deux israélites, M. Grunberg et M. Léon, ingénieurs du Creusot, qui servent admirablement la cause française avec un dévouement et une intelligence à toute épreuve

Les Boers sont avant tout des hommes libres, ayant conscience de leurs droits, hardis

contre l'autorité pour les défendre, mais res-
pectueux dès que l'intérêt de la patrie est en
jeu et, en toute occasion, prêts à se faire tuer
pour leur indépendance.

Dans le Transvaal on constate des différences de situations et même une sorte d'aris-
tocratie fondée sur les services rendus au pays
par des hommes comme les Pretorius et les
Krüger, mais on n'y connaît pas de classes, et
du plus pauvre au plus riche il n'y a pas de
distance. Cette égalité morale subsiste dans le
rang ; je la trouve chez les artilleurs : déférent
vis-à-vis de son supérieur et très militaire, le
simple canonnier reste homme libre et conserve sa dignité jusque dans la subordination.
C'est ainsi que Papessfuss, l'ordonnance que
M. Rooth m'a fait donner, est parent du major d'artillerie Erasmus, de beaucoup de gens
très bien de Pretoria. Il me servira de compagnon au feu, tout en me rendant les services
matériels que mon grade doit m'éviter ; mais,
si j'étais Boer, la guerre finie, nous nous re-
trouverions égaux et placés sur le même pied.

Tous, officiers, sous-officiers et soldats, très grands et très bien découplés, sont d'admirables cavaliers. Les officiers ne passent pas par le rang et sont nommés par examen, leur condition sociale entrant en ligne de compte. Cela ne souffre pas de difficulté, étant donnée leur égalité en tant qu'hommes qui persiste jusqu'au camp d'artillerie, où les Cafres font le pansage et les corvées.

Après le déjeuner, je vais au Gouvernement pour régler la question de l'ordonnance et me procurer la meilleure carte du pays. Les choses se passent comme entre gens d'une même société qui s'accordent tout, parce qu'ils sont en complet accord de monde, d'habitudes et de sentiments. On ne connaît pas à Pretoria nos solliciteurs de ministères, contre lesquels en France on hérisse tous les chevaux de frise du *tchin* français comme contre des bêtes de proie qu'on sait dangereuses et dévorantes.

Je fais ensuite une promenade à cheval en partant du camp de l'artillerie avec le lieutenant Krone. Nous passons chez M. Rooth pour prendre son cheval; nous y trouvons une installation délicieuse, très confortable et fleurie, au fond de Sunnyside; j'y vois toutes nos fleurs, roses, hortensias, tournesols, hibiscus, fougères, dracénas, capillaires, dahlias, etc.

Autour de Pretoria de belles routes se croisent en tous sens; elles sont bordées de villas, ombragées de tilleuls, d'eucalyptus, de cyprès et de saules. Nous apercevons des lointains de montagnes d'une indicible fluidité. Nous galopons sur cette terre rouge pleine de fer, digne de porter ces êtres de fer qui luttent pour elle. Nous arrivons enfin à une rivière de cristal, où nos chevaux boivent une gorgée, et nous touchons aux sources (fontein) de Pretoria, formant une ceinture d'eau vive à un parc d'arbres à fruits et de saules, d'une beauté idéale. Il y a là, au centre d'un petit lac minuscule, un immense saule où toute une république d'oiseaux jaunes a suspendu à l'extrémité des brindilles ses nids qui pendent comme des fruits, tels de petits cocos desséchés dans leur enveloppe filamenteuse et ligneuse.

Dans cet endroit exquis d'ombrages et d'eaux vives (c'est une des deux ou trois eaux les plus réputées du monde) une auberge avec une jolie Juive aux yeux et aux dents admirables qui n'en fait nul mystère à ceux qu'elle sert ; sur les murs, une inscription humoristique où fraternisent tous les idiomes.

Nous rentrons à Pretoria : comme j'avais avoué n'avoir pas osé me faire présenter au président, l'on me conduit tout droit dans sa villa que distinguent seulement deux lions en marbre et quelques policemen à casque blanc. Nous trouvons le vieux Krüger, avec son immuable haut de forme et sa grande lévite, ses lunettes noires, assis sous sa véranda, seul avec ses pensées, triste ce soir à cause des assassi-

nats commis par les noirs du côté de Rustem-
burg où plusieurs de ses amis ont perdu la
vie.

Il a la voix profonde, la réflexion juste et
vive, l'autorité que donnent la vaste pensée et
l'indomptable énergie. Il me serre la main,
me fait interroger par M. Rooth, se montre
affectueux pour mes compagnons auxquels
s'est joint dans notre cavalcade le chef-juge de
Pretoria, homme charmant et distingué. Nous
sommes assis autour de lui très simplement,
presque familialement; il parle avec énergie
et rudesse, très âpre contre les Anglais qui ont
toute sa haine et dont il sait la langue qu'il
feint de ne pas comprendre. Surtout il s'exprime brièvement et avec précision, sans emphase; ses paroles ne décèlent ni la crainte ni
l'espoir; il est implacable et douloureux parce
qu'il est tout à son devoir; aucun succès ne peut
apaiser la tristesse que lui causent les pertes
de la patrie. Les mensonges des journaux anglais sur les événements l'exaspèrent; il me
demande s'ils sont reproduits en France. Je

3.

réponds que, malgré sa sympathie pour le Transvaal, notre câble est à la merci du câble anglais, mais que j'espère remporter d'ici la matière d'un livre qui rétablira les faits et que l'écrire sera mon premier soin dès mon retour en France.

Je lui offre, s'il le désire, de ne pas attendre et d'envoyer de suite mes impressions à la *Liberté.*

Quand je rentre à l'hôtel, je suis reconduit par tous, car ici la courtoisie est sans égale. Je passe devant le haut piédestal de granit qui attend la statue du président Krüger; la guerre en a suspendu le travail, et sir Redvers Buller pourrait se l'approprier si les Anglais étaient vainqueurs. Mais je crois que Krüger ne cédera pas son socle et que les Sud-Afri cains se découvriront longtemps devant le bronze de celui qui leur donna leur indépen- dance.

IV.

3 *décembre*. — Lunché chez M. Philip,
qui possède le monopole de la poudre sans
fumée.

Rencontré le soir devant l'église, après le
salut, un Père hollandais des Oblats de Marie,
aumônier des Religieuses de Notre-Dame-de-
Lorette qui ont un grand établissement d'édu-
cationoù fréquentent des enfants appartenant
à toutes les religions comme chez les maristes
de Johannesburg et où l'on compte beaucoup
d'élèves juives. Je me fais montrer par les religieuses le presbytère et les terrains de la mission en face. Les missionnaires sont plutôt
anglophiles parce que c'est de l'élément anglais que peuvent provenir les subsides et les

facilités et non de l'élément boer. Les Boers sont sectaires.

4 *décembre*. — J'ai pénétré aujourd'hui, en faisant mes visites d'adieu, dans la société féminine qui est très aimable, s'inspire des mœurs anglaises, recherche le confort, aime les fleurs, fait de la photographie, boit du thé et des boissons glacées. Les femmes, presque toutes privées de leur mari, se visitent au *five o'clock*.

M. Rooth étant gardé par le Gouvernement pour une mission, je pars avec un de ses amis, M. Sauer, avocat, qui se charge des provisions, et se propose d'apporter de quoi nourrir une armée. Je vais faire mes adieux aux Pères oblats et me donne, par politesse, une indigestion d'abricots chez M. Rooth, qui a un jardin admirable, où il récolte des fruits en quantité, fraises, pêches, abricots, poires, pommes, figues, amandes, raisins. Les arbres fruitiers,

d'une venue surprenante, sont beaux comme
ils pourraient l'être chez nous après trente ans,
et cependant il n'y a que huit ans que M. Rooth
a acheté son terrain. Basse-cour, chenil, écurie,
tout est très intelligemment installé.

5 *décembre.* — Départ à six heures et demie.
Les chevaux ont été embarqués à cinq heures par
mon ordonnance, Papessfuss. M. Sauer, mon
nouvel ami et compagnon, embarque le sien
au moment presque où le train part ; cela se
fait avec la plate-forme aussi naturellement
que s'il s'agissait de faire monter un chien dans
un wagon ; M. Rooth m'apporte 3o kilo-
grammes d'abricots ; les provisions de M. Sauer
chargeront une voiture ; l'hôtel m'a fait aussi
un panier, nous déjeunons confortablement ;
c'est autant de pris sur l'ennemi.

Nous nous entretenons en anglais avec des
officiers télégraphistes qui nous parlent de
chasse et nous racontent qu'ici on trouve des

chacals, des loups rouges et argentés, des panthères de trois espèces, des léopards, des antilopes, etc.

Le pays est très beau avec ses mimosas et ses eucalyptus ; le sol y est rouge comme en Algérie ; le bétail, moutons et bœufs, y réussit admirablement. L'herbage est excellent, mais au printemps il pousse dans certaines exploitations une herbe vénéneuse qui tue les bestiaux.

Les mines de Johannesburg laissées à l'ouest, on rencontre des mines de charbon en abondance, placées à côté des mines d'or, comme pour réunir au précieux métal toutes les conditions d'exploitation.

Nous avons nos bagages avec nous et près de nous sont nos chevaux ; mon ordonnance est en première ; chacun s'arrange librement pour sa plus grande commodité, l'administration n'exerce pas ici une surveillance tatillonne et empêcheuse de danser en rond.

A partir de Johannesburg, nous sommes dans un pays de plateaux herbeux, jusqu'à Heidelberg où la région montagneuse s'accentue. Il pleut. Des monticules de terre ponctuent le vert des prairies ; ce sont des fourmilières : fourmis rouges et fourmis noires manœuvrent en armées les unes contre les autres.

6 *décembre*. — Tout se passe avec une facilité extraordinaire. Hier soir, nous visitions un magasin de fourrage : le commissaire, sur l'énoncé de ma qualité, m'a dit de prendre ce que je voudrais. On fait descendre les chevaux de leur wagon pour les faire boire ; ils remontent ensuite d'un bond et se mettent à manger de la paille d'avoine dont on leur jette de jolies petites bottes chargées de leurs grains.

Il pleut à torrents. On fait son lit pour la nuit après avoir dîné. A l'aube tout le monde se lève ; il monte de nombreux voyageurs : l'on me présente un membre du deuxième Volksraad, un fieldcornet ; ce dernier était à Madjuba. Les nouveaux venus m'expliquent la position de Langsneek, Madjuba, Ingogo ; c'est de la pleine montagne bien inexpugnable pour une grosse armée.

Le chemin de fer descend en lacets avec deux locomotives jusqu'à Ingogo. A Newcastle qui a été abandonné par les Anglais, le commissaire me promet une tente et une voiture à mules : l'ingénieur en chef nous prend dans son salon qu'il fait atteler en queue du train pour que je puisse voir le paysage. Une des premières choses que j'aperçois, c'est un troupeau de 2.000 têtes pris aux Anglais.

Lorsque la Compagnie hollandaise a pris l'exploitation, elle craignait que tout ne fût détruit ; mais il n'en était rien ; les Anglais, surpris, n'avaient eu le temps de rien faire. Les choses se passent fort bien : il y a un hôpital à Volkrent ; le commissariat est à New-castle : la Compagnie nourrit ses employés avec des provisions envoyées de Pretoria.

On me montre la position de Dundee où a été tué le général Symons. Le fait qu'elle avait pu être choisie témoigne d'une incroyable incapacité : la défense avait dû être organisée en pot de chambre entre les hauteurs qui dominaient la position et d'où les Anglais cherchaient à débusquer les Boers.

Dans le wagon-salon est placée la table à écrire du général anglais qui fut trouvée à Dundee.

Au sortir de Glencoe, nous entrons dans une très riche vallée, toute fleurie de mimosas et qui est habitée par des Cafres ; çà et là, on rencontre des autruches qui ont été domestiquées par ces noirs.

Les mines de charbon du Natal sont aux mains des Boers, ce qui arrête leur exploitation et oblige l'armée anglaise à se faire envoyer du charbon d'Europe.

La destruction des voies ferrées par les Boers consiste à déboulonner et à arracher, avec vingt bœufs, les rails des traverses.

De plus en plus, je crains de ne pouvoir faire quelque chose chez les Boers. Mes appréhensions vont croissant depuis qu'on m'a décrit l'irrésolution et l'inertie du haut commandement des divisions, raconté que les opérations sont décidées dans des conseils de guerre où tous les officiers sont présents, et soumises à l'appréciation des combattants qui les exécutent s'il leur plaît. A Ladysmith, l'occupation d'une position semblait nécessaire, el'e avait été décidée : les uns étaient prêts à marcher, mais les autres ne vinrent pas, ayant jugé que l'attaque était trop dangereuse.

Je reste, à Elandslaagte, chez M. Léon, qui est installé dans un wagon de train de munitions ; il veut bien se charger de notre organisation, nous fait obtenir un wagon à mules, des boys, des mules, des provisions, un sac de farine, du maïs, du lait concentré, des boîtes de conserves anglaises, de l'huile et aussi des bougies ; des haches, des serpes, etc. Nous déjeunons. Au moment où le train va partir, une dame hollandaise, qui est journa liste, veut absolument me photographier.

J'arrête, d'accord avec M. Léon, un plan pour ce que j'aurais à faire à l'égard du général Joubert, qui commande, quoique malade.

Je passe une excellente soirée avec des amis de M. Léon, venus de Johannesburg, et qui l'ont accompagné pendant trois semaines : MM. Boucher, Hirsch et Sauvier. Ce dernier, trop peu couvert, après la forte pluie d'hier, a attrapé la fièvre et est couché dans un cadre à côté de la table où nous dînons d'un excellent poulet sauté, de petits pois au beurre et de riz au lait. Ce luxe, notre dernier, car « au front » nous devrons nous en tenir au corned beef, ne manque pas d'un certain imprévu à côté de ce train formé dans cette campagne nue. On nous a préparé une tente avec un excellent lit où je dors dans ma capote jusqu'au lever du jour.

V

7 décembre. — Se laver, se raser, tous les luxes ! Il y a deux heures que je suis debout, quand se brise ma longe ; mon cheval s'échappe, son licol est en pièces, ce qui me permet d constater que Papessfuss, mon ordonnance dort dans son wagon, indifférent à notre cava erie. On lui dit poliment son fait (il faut se rappeler que les Boers sont libres et que l'égalité subsiste même dans le rang). Je lui fais étriller les chevaux, et rien qu'à la manière dont il s'acquitte de ce soin je constate que ce n'est pas un débrouillard. Nous embarquons les amis de M. Léon pour Johannesburg, puis je vais voir l'aimable ingénieur du chemin de fer dans un salon. Six mules, qui nous sont destinées, arrivent; nous engageons un Hindou comme cuisinier et nous télégraphions à Pretoria pour que l'on prépare notre installation, et, puisque nous sommes outillés en gentlemen, nous demandons un *driver* (cocher), si bien que Papessfuss ne sera que pour la décoration.

Le trolley part avec nos provisions, et nous embarquons nos chevaux tout sellés pour gagner Moderspruit.

Quand nous arrivons au camp, le général Burger est absent; je visite, avec M. Léon, la position du long tom qui se trouve là en compagnie d'une pièce de campagne et d'un maxim. Un poste d'artilleurs se tient auprès de chaque pièce. Je remarque l'absence de tout avantposte, même de tout soutien de Boers près des pièces. Les Boers s'en rapportent à la position; elle est très forte, c'est vrai; mais, pourtant, pas inaccessible à une troupe déterminée.

Je relève un point d'assaut possible : une

colline avoisinant Ladysmith et armée d'une pièce de marine.

Du nord, la ville se présente en une rangée d'usines et de bâtiments adossés à un sursaut de terrain qui supporte le camp des troupes ; au loin, vers la gauche, se voient l'hôpital et le camp réservé aux femmes et aux enfants.

La plaine est étendue, coupée par la rivière, qui se rapproche de la ville sans la serrer de très près. Il est certain que l'espace est large et que la dispersion des tentes boers que j'ai aperçues demeure bien insuffisante.

Ma santé est médiocre ; j'ai la fièvre, mon estomac se refuse à tout service.

8 *décembre.* — A trois heures du matin, nous avons une alerte ; les Anglais ont mis hors de service les pièces que j'avais vues hier, 15 hommes sont montés, tandis qu'un bataillon à pied leur servait de soutien. Les artilleurs surpris se sont enfuis et, étant donné

l'éloignement de tout secours, la nature de la montagne semée de gros blocs et privée de sentiers, ils ont eu une grande heure pour parfaire leur œuvre. Les pièces sont à refondre.

De toutes parts sont parties des troupes de Boers, au galop de leurs chevaux, mais, sans direction, sans ordres, elles prenaient des positions de combat à tout hasard.

Léon croyait que nous avions tous les Anglais sur les bras; j'étais plus rassuré, attendu que les Anglais n'ont aucune raison de courir des chances et de s'exposer à des pertes, puisqu'ils savent que le salut doit leur venir de Colenso. Je craignais seulement, n'ayant pas entendu leur artillerie de campagne lorsque les Boers s'étaient approchés de Ladysmith en reconduisant les Anglais, qu'elle n'eût filé avec une partie de leurs troupes sur Colenso où une action pouvait avoir été combinée avec le général Redvers Buller. Je le dis au général Burger à son retour au camp, en insistant sur la nécessité d'une attaque, mais je trouvai en lui un homme embarrassé de son pouvoir et n'ayant ni idée pour sortir de difficulté, ni cette volonté supérieure que des irréguliers acceptent comme les réguliers. J'étais tout à fait d'ailleurs à bout de santé.

9 *décembre*. — Au lieu de continuer l'exploration de Ladysmith, j'ai dû entrer à l'ambulance qui est établie près de la gare. J'ai été bien reçu et soigné par des médecins allemands; on m'a donné une chambre dans un cottage, mais mon lit n'a pas de draps. La crise est si violente que j'ai des spasmes d'estomac à tomber à terre.

10 *décembre*. — Les Anglais prennent un nouveau canon; décidément les Boers ne se gardent pas. Je fais, à l'ambulance, la connaissance du colonel Braun, qui est malade comme moi. Les soins que l'on nous donne de partout

sont touchants; on m'apporte du lait frais de Toeplitz.

11 *et* 12 *décembre.* — Toujours à l'ambulance; amélioration très faible.

13 *décembre.* — J'ai pu quitter l'ambulance, malgré la fièvre et la dysenterie, pour aller à Colenso où l'on annonce une bataille. Je reste à cheval cinq heures au soleil; les difficultés d'installation sont très grandes; après des conciliabules avec Sauer, nous décidons de camper près du télégraphe, au bord de la Tugela; je rends visite au général Botha, il est absent bien que la nuit soit proche; mon cadavre soutient l'aventure.

14 *décembre.* — Je fais la reconnaissance du « front »: la position est très forte; les fortifications sont en rochers et sacs de terre; des

postes ont été placés partout; les chevaux, sellés la nuit, ont été conduits à l'aube à l'abreuvoir.

Je ne puis traverser nos lignes, aucun chef ne voulant prendre la responsabilité de me donner l'autorisation nécessaire. L'artillerie anglaise se déploie derrière un pli de terrain et vient se replier sur nous; les obus tombent autour de nous : c'est un tir percutant pour rire; nous revenons, Galopaud tombant d'inanition. Sauer nous fait du bouillon de bœuf frais! Nous négocions l'achat de lait aux Cafres; la situation s'améliore.

La journée n'aura pas de résultats, mais demain il y aura bataille.

Je vois le général Botha, jeune, intelligent, se mettant en quatre. Il a bien compris la position. Je lui signale une hauteur sur notre gauche, au delà de la Tugela, très importante à garder; Botha y envoie 800 Boers; je lui dis qu'offensivement je ne lui propose rien, vu le peu de Boers dont il dispose et l'imminence de l'attaque par les Anglais.

Nous rentrons au camp, après avoir discuté la situation avec Sauer et causé avec le major allemand von Reitzénstein, arrivé par le bateau le *Kœnig* avec Galopaud. Nous pensons tous deux qu'il y a beaucoup à étudier et à admirer chez les Boers. Le soir, nous avons deux doc-teurs-médecins à dîner dont le propriétaire du journal le *Volskstem*; la cuisine de Galopaud obtient un grand succès; nous passons une nuit tranquille.

15 *décembre.* — Aujourd'hui bataille.

Sauer retourne avec le trolley à Pretoria s'approvisionner; le feu ne l'attire pas démesurément.

Nous filons, Galopaud, le propriétaire du *Volskstem* et moi; après avoir suivi la voie ferrée, nous nous établissons entre Colenso et la hauteur de gauche (au delà de la Tugela) qui devrait attirer tout l'effort du général Buller. C'est une faute qu'a commise celui-ci de ne pas attaquer d'abord ét uniquement cette hauteur, d'où il prenait à revers nos défenses de Colenso.

L'attaque de notre position, qui s'avance en coin dans la plaine, est faite sans aucun art; c'est bien ce qu'on peut appeler prendre un taureau par les cornes.

Les Anglais se déploient sur plusieurs lignes de tirailleurs, sans ordre et sans action des lignes en arrière; ils sortent d'un pli de terrain autour de la voie ferrée qui encercle le village et attaquent sur les deux flancs; la manœuvre est imperturbable, elle est dérangée par le feu impeccable des Boers (artillerie et infanterie). Les Anglais l'ont préparée par une copieuse canonnade sans effet. Ce qu'il nous a fallu voir tomber d'obus avant qu'un éclat passât dans le voisinage de l'oreille et du chapeau de Galopaud est incroyable. Les Boers se mettent à l'abri des kopjes; c'est beaucoup d'argent dépensé en fumée pour rien. L'attaque anglaise est très crâne et méthodique, mais sans la moindre idée de ce qu'est la guerre.

A un certain moment, deux batteries anglaises viennent se mettre imprudemment en batterie sous le feu des fusils boers. Les attelages et les servants sont tués; les pièces sont abandonnées. A deux reprises, avec un superbe courage, les artilleurs anglais reviennent sous une fusillade terrible et enlèvent les cadavres sans reprendre les pièces qui restent sous le feu boer. Je note la précision du tir de l'artillerie boer dans un régiment de cavalerie anglaise et le feu de l'infanterie boer dans la marche en avant des Anglais, sur la gauche, laquelle est, à tout jamais, arrêtée.

Je m'étais préoccupé d'un trou dans notre ligne à gauche, mais, un instant après, les Boers débouchaient au galop, occupaient la position et la tenaient magnifiquement.

En somme, pour le commandement et l'exécution, il faut laisser faire les Boers qui sont admirables dans la défensive, mais qui ne s'abandonneront que bien difficilement à l'offensive. Il est vrai qu'en face d'adversaires de la force des Anglais la défensive unique peut suffire.

Nous recommencerons demain; c'est un joli succès pour les Boers et leur état moral en est grandi. Ils ont pris 12 canons ou maxim et fait environ 200 prisonniers parmi lesquels

plusieurs officiers qui ont défilé devant
nous. Les pertes anglaises doivent dépasser
3oo hommes ; les Boers n'ont eu que 4 morts
et 20 blessés environ. Le silence sympathique
des Boers devant leurs prisonniers avait
quelque chose de touchant ; quelques-uns leur
tendaient à boire.

16 *décembre*. — Je suis allé féliciter le général Botha, qui a paru charmé de mon âppré-
ciation et m'a dit aimablement qu'il aimait
mieux avoir Buller que moi en face de lui. Il
m'a demandé de le voir souvent. Il était devant les pièces anglaises prises avec leurs
caissons. Les officiers allemands avaient voulu
se coller, mais ils avaient été semés ; je les ai
retrouvés chez le général où ils restent en-
glués, ennuyant les Boers et n'ayant aucun
succès. Hier, je les avais à dîner ; le colonel
Van Braun est très bien, mais tel autre est
un pique-assiette intolérable, au point que

nous avons résolu de lui fermer nos vivres.

J'ai visité les Boers sur leurs positions, causé avec eux ; je leur ai fait mes compliments.

Je commence à penser que je réussis ; du moins, la sympathie générale me le prouve.

Je fais une reconnaissance des hauteurs situées de l'autre côté de la Tugela et qui sont la clef de la position ; bien défendues, elles peuvent être rendues inabordables ; le passage qu'elles offriraient pour une retraite serait certainement très difficile à reconnaître.

Je suis revenu trouver Botha sous sa tente pour le lui dire. Il y avait, près de lui, Burger, discourant sous une ombrelle blanche, à côté d'un pasteur, abrité sous un parapluie noir. Après la prière dite par le général, les chants ont été entonnés par le pasteur. A la cérémonie assistaient deux cents Boers très recueillis, des reporters, des artilleurs ; l'effet religieux était intense, quoique gâté par l'ombrelle et le parapluie, qui donnaient au général et au pasteur l'air de commissaires-priseurs dans une vente à la criée.

Le général Redvers Buller a demandé un armistice de vingt-quatre heures pour enterrer ses morts et aussi parce que aujourd'hui c'est une fête boer; ces Anglais ont toutes les attentions.

On trouve sur le champ de bataille l'ordre d'attaque du divisionnaire anglais Cléry, qui donne raison à toutes les prévisions que j'avais exposées au général Botha, alors que celles des Anglais ont été déroutées par les événements. On dit que les Anglais ont perdu 1.300 hommes.

17 décembre. — C'est dimanche : les Boers chantent des psaumes, les Anglais ont évacué la position Colenso; les uns se dirigent vers Wienen; ils tourneront ce qu'ils n'ont pu prendre de front. Nous levons notre camp et rentrons à Ladysmith.

Chaude journée, en partie occupée par des visites que nous faisons aux kraals cafres pour acheter des poulets. Demain j'exécuterai la reconnaissance, que j'ai déjà dû remettre, pour donner l'assaut à Ladysmith, puis je rentrerai à l'ambulance.

Les résultats de la victoire du général Cronje sur la Modder River dépassent tout ce qu'on peut imaginer : on ne parle de rien moins que de 2.000 morts.

18 *décembre*. — J'ai visité la position de Ladysmith; parti à quatre heures du matin, je ne suis rentré qu'à huit heures du soir, très fatigué, mais ayant recueilli des résultats.

J'ai trouvé une réception touchante dans tous les laagers et fait connaissance de de Villiers, Malherbe, tous si français de cœur que j'en suis ému. J'ai pris le lunch sous leur tente. Les mouches empêchent absolument de manger et de boire avant la nuit close; ah! les sales bêtes!

19 *décembre*. — Des parlementaires sont arrivés chez le général Burger. Il fait un orage épouvantable et un froid à grelotter, mais je finis par rentrer dans mes effets laissés à l'ambulance. Nous allons à Elandslaagte chercher un gros ravitaillement, table, tabourets, pommes de terre, oignons, vaisselle, eau-de-vie, fourrage, pain, etc.; l'abondance renaît. Nous dînons, aux lanternes, sous une grande tente, avec un pot-au-feu et des pommes de terre bouillies.

20 *décembre*.—Nous partons pour Colenso, où l'on entend le canon ; mais ce n'était qu'une fausse alerte. Nous revenons après avoir touché le Klip River.

Je suis présenté au général Joubert, venu au camp, quoique encore trop souffrant pour remonter à cheval. Nous irons demain à Colenso où se prépare une affaire décisive.

Mon rapport terminé et traduit, je retourne

voir le général Joubert, qui est bien disposé pour les Français. Néanmoins, toute démarche doit être mesurée et discrète, car Joubert, commandant en chef, est un personnage de la République ; on le considère comme le successeur certain du président Krüger. La politique joue un grand rôle dans toutes les décisions militaires ; les chefs se gardent des responsabilités, surtout quand ils appartiennent, comme les généraux Joubert et Burger, au Conseil exécutif.

La politique, la religion et les affaires d'intérêt sont les sujets de conversation habituels des Boers.

21 *décembre.* — Nous partons encore pour Colenso. Je renvoie mon ordonnance Papessfuss, la plus insolente bouche inutile que j'aie jamais connue : il se faisait servir et éventer par les coolies et me laissait faire le pansage et desseller mon cheval.

4.

A sept heures, après la remise, pour les généraux, de trois expéditions de mon rapport sur
l'attaque de Ladysmith, après un chargement
pénible, les mules s'ébranlent, mais l'attelage
est déplorable, le cocher nul; nous avons de
nombreux arrêts jusqu'à ce que, à la descente
du Klip, l'attelage monte sur un talus et verse
le trolley. C'est un coup dur; il faut déchar-
ger, dételer; nos Cafres, ahuris, essaient vainement de relever le trolley ; enfin nous y arrivons avec l'aide des Boers et pouvons nous
remettre en route. Galopaud prend les rênes,
nous passons le Klip, et, après sept heures de
marche, arrivons au télégraphe de Colenso et
campons sur la Tugela. Je rencontre le D' Eulenburg, qui campe avec nous. Sauer est content
de voir arriver la cuisine, et moi je le suis de
revoir la Tugela, de pouvoir prendre un bain
et laver mon linge, car, sur cette malheureuse
route, mon cheval, que j'avais corrigé à l'éperon, m'a emballé à travers les mimosas.

Nous causons; je prétends que les Boers
sont restés avec les idées libres et militaires

des anciens gentilshommes, naturellement soldats et hostiles à toute gêne, à tout impôt, égalitaires entre eux, mais aristocratiques à l'égard des étrangers ; qu'ils ont conservé des habitudes de leudes féodaux, jaloux de leurs droits, déférents envers l'autorité, mais la sachant leur chose, grâce à eux.

VII

22 *décembre.* — Campement sur la Tugela.
C'est une journée d'inaction au point de vue
militaire ; j'en ai profité pour causer longuement avec le Dʳ Eulenburg, qui m'a donné
de curieux détails sur les divisions de sentiments et d'intérêts qui existent dans les
familles. Ainsi Sauer est à Pretoria avec les
Boers et il a épousé une Anglaise. Un de ses
frères, ministre au Cap, est l'adversaire de
Cecil Rhodes ; mais un autre de ses frères, installé dans la Rhodesia, est le féal de Rhodes.
A propos de la Rhodesia, le Dʳ Eulenburg me dit que le Transvaal, s'il est vainqueur, prendra la tête dans l'Afrique du Sud
parce qu'il a incarné les revendications et les

idées d'indépendance de toute la race boer et hollandaise.

Lorsque les field-cornets refusèrent d'occuper à Colenso une colline séparée par la Tugela, ils télégraphièrent leur refus au président Krüger, s'enorgueillissant de leur décision qui, croyaient-ils, leur donnait de la supériorité vis-à-vis de leurs hommes. Krüger répondit longuement par une lettre où, comme toujours, il invoquait Dieu. Lorsque le Conseil de guerre eut pris une décision, il y eut un tirage au sort, et tous ceux qui furent désignés exécutèrent vaillamment les ordres. Ces pourparlers, ces discussions retardent le commandement lorsque, avec des chefs comme Botha, il tend à s'affirmer ; mais ils favorisent les prudences, les atermoiements, les irresponsabilités de politiciens que les hasards de la politique ont placés à la tête de l'armée. Si les Boers avaient en face d'eux d'autres adversaires que les Anglais, l'ennemi pourrait singulièrement tirer parti de ces lenteurs.

23 *décembre*. — La journée n'a été marquée
que par une canonnade insignifiante : nous
espérions mieux. Les paroles, aujourd'hui,
remplacent, malheureusement, les actes.

On me donne des renseignements sur les
serpents, dont l'espèce la plus dangereuse est la
mainba, qui comprend deux variétés : la
mainba verte, qui se tient dans les arbres à
10 ou 15 pieds, pique à la tête et provoque la
mort subite ; la mainba noire, qui se cache
dans les pierres ; il y a aussi le serpent puffa-
der, qui ressemble au cobra et se glisse dans
l'herbe, et le boa des iguanes de terre et d'eau.

On me donne aussi des renseignements sur
le Gouvernement : il existe deux Volksraads,
l'un administratif, l'autre politique. Le Président, élu au suffrage universel, nomme les
fonctionnaires et gouverne, avec le Conseil exécutif, composé de cinq membres et dont il fait
partie de droit ainsi que le secrétaire d'État ;
il a l'initiative des projets de loi, les présente
au premier Volksraad et, lorsqu'il veut les
faire passer, les représente une seconde fois. Il

n'y a pas de crises ministérielles, elles seraient inutiles contre un pouvoir exécutif indépendant.

Trois membres du Conseil exécutif sont élus au suffrage universel : le président et le commandant en chef pour cinq ans ; le secrétaire d'État. pour quatre ans. Les deux autres sont élus pour trois ans par le premier Volksraad. Le budget est voté par le Volksraad, auquel il est présenté par le Conseil exécutif.

24 décembre. — Dimanche, repos. Vu deux membres de l'état-major du général Joubert qui m'ont dit qu'on allait se décider à attaquer Ladysmith. J'en conclus que probablement mon rapport a fait son chemin.

. Depuis hier nous avons deux ou trois hôtes de sorte que nos provisions s'épuisent ; aussi Galopaud retourne-t-il à Ladysmith en chercher. Il rapporte l'oie d'un fermier boer emprisonné par les Anglais ; nous la mangetons demain à la santé du captif. Je ne note pas les bruits de camp, mais les journaux de Lourenço nous donnent les noms de beaucoup d'officiers anglais tués ou blessés (il y en a 53 rien que pour les troupes écossaises). Un colonel d'artillerie anglaise pris à Colenso est devenu fou dans le trajet de Pretoria. Il y a maintenant 2.400 prisonniers anglais. Hier soir, en allant faire, seul, une reconnaissance du côté des Anglais, j'ai été suivi par une de leurs patrouilles qui cherchait à me couper ; je n'ai eu qu'à revenir aux allures vives.

25 *décembre*. — Noël sur la Tugela. Au calme, l'on peut penser aujourd'hui. Les Anglais sont tous au Christmas, et les Boers, huguenots fervents, se groupent pour chanter leurs psaumes. Nous aussi, nous avons bien le droit de nous retourner vers notre Noël de France, qui nous sourit de là-bas dans son

charme bien spécial, plus familial et plus gai :
je pense à nos campagnes où, dans la neige,
cheminent les fidèles, tandis que tinte, allègre
et triomphale, la cloche de minuit : les sapins
se sont allumés, enrubannés et pailletés, au milieu de cercles admiratifs et avides de bébés en
quête des surprises que leur fera le petit Jésus ;
le mystère saisit les moins croyants et sur les
réveillonneurs des tavernes descend encore,
sans qu'ils s'en doutent, un profane rayon de
cette grande fête du réveil de l'humanité.

Toutes ces choses qui viennent de si loin
délicieusement brouillées, atténuées, débar-
rassées de leur humanité trop heurtée, déjà
caressantes de rêve, sont pour notre âme, pri-
sonnière du temps et de l'espace, un retour
apaisant vers les êtres et les choses qui l'ont
formée, veillée, émue et conquise, un écho du
chant berceur de la patrie. Elle se réfugie
avec transport vers cette patrie, quand, livrée
à l'inconnu, étrangère et isolée par le monde,
elle se détend de l'action et revient à sa réflexion naturelle.

Ici tout est nouveau poûr moi : le pays, les hommes et la situation. Cependant j'ai trop couru la terre et trop vécu pour que rien soit absolument surprenant pour mes yeux, en regard du jaillissement de mes souvenirs. Dans l'Inde, dans l'Algérie, même dans notre Midi provençal, il se trouve des sites analogues à ceux que je contemple ici : les hauteurs pierreuses, trop parcimonieusement semées de mimosas épineux, avec un peu d'effort je les retrouve aux monts des Maures ou de l'Estérel, au Sud-Oranais, aux rives de l'Indus. Au travers serpente la Tugela, d'une belle eau courante, coupée de chutes sur des barres de rochers noirs, au lit hérissé de blocs entre de molles coulées de sable. Le poisson y ab nde, l'anguille surtout. Les tourterelles se poursuivent sur ses bords, des oiseaux jaunes à gilet noir suspendent à ses roseaux leurs nids aux formes artistiques. Sans doute les spring-boks viennent y boire lorsqu'elle s'argente au rayonnement des nuits australes. Mais, depuis qu'elle sépare deux camps enne-

mis acharnés à l'œuvre de mort, la vie s'est
éteinte sur cette campagne qui n'est plus libre;
les hommes et les chevaux l'emplissent de
mouvement et de bruit, les tentes émergent
de tous les creux, les revêtements des tranchées hérissent toutes les crêtes, et les échos se
renvoient la menace lointaine d'une canonnade, indice de l'effort qui se prépare contre
cette ligne jadis bienfaisante du fleuve, aujour-
d'hui obstacle de guerre et probablement
tombe future de victimes sans nombre.

Notre tente conique est là, proche de l'eau,
dans le jardin du bâtiment qui sert de poste
télégraphique; nos chevaux sont attachés à
des pêchers, notre trolley est rangé le long
de lices blanches, sur lesquelles repose son
prélart. Trois Hottentots, plus abrutis que
les pierres entre lesquelles ils glissent les
brindilles qui alimentent le feu de notre
bouilloire, semblent, dans leur immobilité
noire, trois morceaux basaltiques jetés sur la
poussière rougeâtre de la berge. Au-dessus
le soleil brûle, versant sur nos têtes son im-

muable chaleur africaine, teintant le paysage d'un éclat de brique recuite, jetant des rousseurs dévorantes jusque sur les feuillages qui s'inclinent, abattus sous une si accablante richesse de lumière.

VIII

25 *décembre* (suite). — (Noël sur la Tugela.) Les journées sont vides et pleines comme en campagne, hantées d'attente, coupées de toutes les exigences trop apparentes, sans voiles ici, des besoins matériels. Quand le jour vous réveille, ou le canon, on sort de sa couverture, on va panser son cheval, le faire boire, lui donner son maïs. Puis on s'empare d'un gobelet que l'habitude transforme en cuvette et l'on se lave vite ou posément, suivant le cas. Un café clair, brassé sur du lait condensé, s'avale sur du biscuit, et les délicats peuvent se donner une illusion de chocolat avec de la poudre de cacao. On part alors à cheval pour une reconnaissance, une visite aux camps des

Boers, un entretien chez le général, et, lorsqu'on revient, on étale une tranche de bœt
frais sur une fourche à plusieurs dents qui
fait un gril admirable, tandis qu'à la pointe
de son couteau on surveille son toast rôti ;
s'il vous advient d'avoir le régal de quelques
pommes de terre bouillies, on déjeune comme
chez Voisin, en mêlant un peu de *lime-juice*
à l'eau clair de la Tugela, où en s'abreuvant
de thé, si l'on s'en tient aux boissons chaudes.

De midi à trois heures, le soleil est le grand
vainqueur et tient les camps muets et inoffen-
sifs sous sa flambée puissante.

Ensuite les partis de cavaliers sillonnent
les sentiers, se glissent au long des berges, par-
courent la voie ferrée, des troupes de chevaux
s'en viennent du pâturage s'abreuver au fleuve,
les bœufs des wagons sortent de leur torpeur
songeuse, les collines s'éveillent à la gaieté de
cette vie animale, les rives se peuplent de bai-
gneurs, et ce sera ainsi jusqu'à la nuit close où
l'on se lestera d'une nouvelle grillade et, par
grande faveur, d'une potée de haricots rouges

avant de regagner la couverture où, roulé tout habillé, l'on n'a pas de peine à trouver le sommeil.

Sur ce jour de Noël, il règne, par réciprocité religieuse entre les adversaires, une certitude de calme. Nous avions cru les Anglais plus désireux d'envoyer à leur gracieuse souveraine, en guise de *merry Christmas,* la nouvelle trop différée qu'ils nous avaient enfin passé sur le ventre et tendaient vers Ladysmith leurs bras libérateurs. Il n'en a rien été. La colline que nous occupons sur la rive gauche de la Tugela et qui forme la clef de notre position sur l'autre rive reste à leur portée, sans qu'ils veuillent user de leur avantage.

Hier soir, après avoir passé la rivière et m'être faufilé dans les mimosas qui conduisent vers leurs lignes, je me suis trouvé en vue d'une de leurs patrouilles, qui manœuvrait pour me tourner. Ma reconnaissance s'en est

5.

abrégée, mais, s'ils m'avaient laissé m'engager
plus avant, comme j'en avais le dessein, ils
eussent pu me couper la retraite. Ces reconnaissances isolées sont évidemment hors de
propos. L'autre jour, le colonel Von Braun,
de la mission allemande, a accompagné le matin une reconnaissance boer et a pu s'approcher du camp anglais au point qu'un capitaine
de ce camp, qui patrouillait probablement de
son côté, ayant pris Braun pour un des siens a
galopé vers lui. Celui-ci s'est replié vers l'escorte des Boers qui, se découvrant à l'Anglais
stupéfait, lui ont crié : « *Hands up !* » en le
couchant en joue, ce qu'il a exécuté sans se
le faire répéter. On l'a amené au camp avec le
sous-officier qui le suivait. Il semble qu'aucune fraction ne les accompagnait, ce qui
pour le moins paraît étrange, autant que ce
mouvement spontané qui a porté l'Anglais
vers ce camarade inconnu sans la moindre
défiance !

Rien n'est d'ailleurs plus étrange que cette
guerre entre gens qui gardent leurs positions

respectives sans prétendre s'en débusquer ;
c'est la guerre immobile, celle d'il y a deux
cents ans, car tout est antique dans les idées
comme dans les procédés des Boers, et l'incapacité de leurs adversaires les rend maîtres
des opérations !

Hier soir, les officiers allemands nous ont
invités à prendre le champagne, et Braun m'a
dit qu'en cet anniversaire de l'ère chrétienne,
alors que Dieu était descendu sur la terre il y
a deux mille ans, des officiers chrétiens ne
pouvaient que s'unir dans une pensée confra-
ternelle. La conversation a été très cordiale, et
j'ai rendu l'invitation en les priant de venir
manger avec nous, ce soir, l'oie, forfait de
Galopaud. Elle faisait partie d'un troupeau
d'une appétissante blancheur, dont s'allumait
notre convoitise chaque fois que nous traver-
sions la ferme abandonnée d'un Boer du Natal, prisonnier des Anglais. L'intérêt d'une
position aussi infortunée, représentée sous les

plus vives couleurs, avait imparfaitement contenu les implacables exigences de notre chef de popote, trop soigneux de sa réputation. L'approche de Noël rendait son idée plus tenace, et le sort des volatiles plus précaire. Enfin, les soucis du ravitaillement l'ayant un jour abandonné à lui-même, un coup de revolver trancha cette situation trop tendue, et ce soir nous mangerons notre rôti de Noël sans trop nous demander si le fermier boer en aurait disposé autrement.

Comme il sera loin de notre Noël de France, ce Noël en pays boer, fêté avec des officiers allemands, dont un lien de courtoisie militaire a fait, en ces circonstances, nos camarades. Noël fêté sans carillons, ni chants d'orgue, ni fleurs, ni cierges, sans aucun réveil des années écoulées devant l'éternelle jeunesse des pompes religieuses. Pourtant, dans ce pays, coule en abondance du sang français. Mais, entre les hommes d'ici et nous, il y a l'intransigeance d'un autre culte religieux et, entre les camarades du même culte militaire, rapprochés par leur isolement d'étrangers, il reste l'intransigeance d'une patrie mutilée.

26 *décembre.* — Nous sommes allés, hier, luncher chez un field-cornet, qui nous a reçus avec de chaudes protestations de sympathie.

Le soir, nous avons eu les Allemands à dîner ; Galopaud s'est surpassé. On s'attendait à une affaire. Sauer en a rêvé au point de pousser une fanfare en cris de coq qui s'est terminée en gloussements de poule en train de pondre, tout cela sous la tente, en pleine nuit, au point que la mauvaise humeur de cet étonnant réveil a cédé devant un brusque éclat de rire.

A la première canonnade, debout, pansage, café et en route. Le canon s'est tu, mais nous avons poursuivi notre reconnaissance, faisant lever des antilopes, traversant des cases le plus souvent abandonnées, nous défilant parmi les arbres et cherchant à aborder la position an-

glaise par son extrême droite. Sauer n'était
pas trop rassuré sur mes projets ; mais un
hasard heureux est venu le calmer et me donner raison. Nous avons aperçu devant nous
une grande reconnaissance de Boers que nous
avons ralliée. Le général Botha a une cinquantaine d'éclaireurs qu'il lance sur les
flancs ou les derrières des Anglais et qui marchent chaque jour. Parmi eux, il en est trois
ou quatre qui cherchent l'aventure, mais les
autres sont d'une prudence où l'on retrouve
le Boer.

Nous avons rencontré, à 6 kilomètres du
camp anglais, · quelques rares patrouilles,
quelques avant-postes, des chevaux au pacage ;
peu de vie, aucun mouvement de cavalerie. Il
y aurait, avec ce terrain bien commode, une
jolie offensive à prendre sur ces endormis.
Mais le moyen de parler ici d'offensive !

On s'est amusé à capturer deux chevaux
gardés par un cavalier. Galopaud et Sauer se
sont pris de bec pour changer, l'un voulant
toujours faire ce que l'autre condamne, Galo-

paud traitant Sauer comme un cantinier, tandis que Sauer a une tendance à traiter Galopaud comme un officieux.

Nous avons ensuite passé la Tugela sur le beau pont de madriers établi par les Boers. Auparavant, deux jeunes Boers sont accourus pour m'être présentés, ayant grand désir de serrer la main d'un officier français.

La chaleur est accablante, mon chocolat ne forme qu'une boule informe avec des chaussettes dans ma fonte. J'en suis réduit aux sardines, mais bast ! tout passe : je m'acclimate !

IX

. *27 décembre.* — Je n'ai pu fermer l'œil cette nuit, d'autant que la tente était ouverte et que, par suite de son resserrement, il était impossible de la refermer, ce qui permettait à la pluie de me baigner les pieds, mais l'orage était superbe. De toutes parts et sans interruption les éclairs se croisaient, illuminant la nuit, s'élevant en aveuglantes chandelles romaines, entrelaçant leurs zigzags éclatants. Puis la pluie est venue lourde, droite, envahissante, et j'ai senti vaguement que l'eau montait vers mes pauvres effets pliés autour de moi et j'ai passé ma nuit à procéder à leur sauvetage en les éparpillant sur moi.

Ce matin, je suis allé chez le général lui

faire part de mon impression sur la situation. L'abandon des camps anglais, l'inertie
de leur tactique me convainquent, autant que
les facilités de marche qu'offre le terrain, qu'il
nous est nécessaire de prendre l'offensive qui
ne vient pas à nous et d'attaquer ces camps
qui restent sans défiance parce qu'ils sont per-
suadés que les Boers n'iront jamais à eux. Ces
idées peuvent hanter le cerveau d'un militaire,
elles n'auront jamais de prise sur les Boers
qui ne veulent absolument qu'une guerre avec
le moins de casse possible. Ils sont, d'ailleurs,
très ponctuels, quelque temps qu'il fasse, pour
prendre leur service de nuit. Il est touchant
de les voir vêtus si mince, courbant le dos
sous la pluie lourde, se rendre stoïquement aux
avant-postes entre cinq et six heures du soir
pour y passer la nuit. Quelques-uns ont des
caoutchoucs ; la plupart n'ont que leur veste ;
ils s'en vont par petits groupes le long de la
voie, les uns à pied, les autres à cheval, et l'on
sent bien, à leur gravité digne, qu'ils remplis-
sent un devoir de conscience.

La grande nouvelle a été le remplacement
du général Buller par lord Roberts; sans
doute Buller garde son corps d'armée et Roberts arrive avec un deuxième. L'impossibilité
de tirer parti de l'inertie de Buller avant l'arrivée de Roberts m'obsède et me navre. Mais les
Boers ne sont pas des hommes que l'on puisse
influencer, il faut les subir avec leurs qualités
et leur obstination.

28 *décembre*. — Galopaud se prépare à se
rendre à Pretoria, je suis allé chez le général,
il était absent; je retournerai le voir ce soir;
mon idée, depuis que je me rends compte
qu'il n'y a rien à faire ici, serait de me trans-
porter à Kimberley, où l'on s'attend à un effort
de Buller. Mon ennui est de passer par Pretoria, d'où l'on ne tirera plus Sauer. La lenteur
et le sentiment des aises sont ici prépondé-
rants; on y croit qu'il n'y a pas de situation
urgente. En somme, décembre a été perdu

pour les Anglais par l'inertie de Buller ; janvier le sera à attendre lord Roberts, et février à changer de direction ; en mars seulement, le dénouement, si ce n'est pas en avril, pourra se produire.

29 *décembre*. — Je suis malade. Galopaud est parti pour Pretoria. Il tombe une pluie diluvienne ; ma tente a été jetée à terre. Hier, en visitant un laager, j'ai été frappé de l'insouciance avec laquelle les Boers envisagent le changement de commandement de l'armée anglaise ; ils sont convaincus qu'ils battront lord Roberts et lord Kitchener comme de simples caporaux ; il y a maintenant chez eux une présomption qui ne compte plus qu'avec Dieu.

30 *décembre*. — Nous changeons de campement, le nôtre étant complètement inondé.

Sur l'arrivée de Roberts, les Boers disent :
« Quand Buller est venu, on ne parlait que de
lui ; nous avons vu ce qu'il valait, nous pensons qu'il en sera de même de Roberts. »

Le commissaire nous donne des boîtes de
jam et des pains frais. Les services d'inten-
dance fonctionnent avec une simplicité remarquable, sans embarras, difficultés ni forma-
lités ; tout se passe en famille, très largement,
tout le monde est servi et content. Ce que ça
coûte est évidemment au second plan, mais
cependant, tous comptes faits, la suppression
des intermédiaires permet de réelles économies ;
deux fonctionnaires sont désignés pour tous
les achats, peut-être s'offrent-ils quelques com-
missions, mais elles sont limitées à eux, et leurs
comptes sont soumis au contrôle de l'audi-
teur d'État qui les revoit et rejette ceux dont
les prix lui paraissent majorés. Et les Anglais
qui pensent nous user par suite de la mauvaise
gestion prolongée de notre commissariat de
la guerre !

31 *décembre*. — Le dernier jour d'une triste
année! Ici l'on croit encore à la France parce
que les Boers vivent sur leurs illusions d'il y
a deux cents ans, mais nous qui en venons!
Que se passe-t-il depuis plus de deux mois? Ici,
en face de Drakenberg, qui élève sa muraille
bleue entre le Natal et l'État libre dont les
kloops recèlent des léopards et qu'aucun passage, sauf Rsenen, ne vient violer, je me sens
dans un monde très nouveau. Comme vie,
quelles différences! Se servir soi-même dans
les plus infimes détails constitue pour ceux
qui n'en ont pas l'habitude une existence très
à part. La pensée s'abaisse sur une foule de
minuties vulgaires et demeure stagnante pour
le reste; on perd son temps à se mouvoir pour
des travaux dont la vie civilisée vous exempte
et qui constituent l'aliment pour l'existence
de beaucoup d'êtres. Il est certain qu'être à la
fois tailleur, sellier, charron, cuisinier, cocher,
emballeur, muletier, blanchisseur, boucher,
porteur d'eau, fumiste, c'est s'assimiler le
gagne-pain d'un nombre immense d'hono-

rables. professions. Nos connaissances en ces matières sont très rudimentaires, cependant le débrouillage de chacun se fraie un sentier dans ces voies si nouvelles. Galopaud est de beaucoup notre maître, Sauer y va lentement et contradictoirement, je les laisse faire, ayant reconnu leur supériorité et voyant à quel point les idées se heurtent sur une question d'installation ou de découpage d'un pot-au-feu. Mon opinion n'apporterait qu'un nouveau brandon de discorde. D'ailleurs, ma fonction me dispense en partie des besognes manuelles.

Le pire est de vivre entre ces graisses, ces viandes crues ou cuites, ces conserves débouchées, ces bouillons répandus et l'envahissement des mouches et des fourmis. Il y a excès et disette en tout, excès d'une viande admirable, qui suffirait à six familles, excès d'odeurs et d'infirmité morale des nègres, excès de provisions qui s'avarient, manque de légumes, de fruits, de lait, d'œufs, de sucre, de pain frais. Il y a aussi excès d'eau sur nos installations en plein vent, toujours sujettes à des surprises d'envahissement désagréable.

Nous avons la nouvelle de l'envoi d'un driver (coche.) et d'un cape-boy (domestique cafre). S'ils arrivent demain pour notre premier de l'an, nous pourrons songer à nous mouvoir; je demanderai au général Joubert l'autorisation de me rendre à l'armée de la Modder River, où se passeront les événements et dont j'étudierai le théâtre.

Je recueille quelques renseignements sur les Cafres. La *bola,* prix payé à la famille pour épouser une Cafre, en général dix paires de bœufs, est une garantie qu'elle sera bien traitée, d'une part, et qu'elle restera avec le mari, d'autre part. La législation cafre est em brouillée; elle repose tout entière sur la tradition; elle est rendue soit par des magistrats spéciaux, Européens choisis pour leur connaissance de la Coutume, soit par un Conseil des anciens, composé d'indigènes. Les rois

sont enterrés sur de hautes montagnes et en-
sevelis mystérieusement. Les Cafres consultent l'esprit des grands personnages sur les maux
qui les frappent. Ils n'ont aucune idée de la vie
future; ils sont adonnés aux superstitions et
croient à la magie. Ils consultent toujours le
witch-doctor (sorcier) pour savoir quelle personne en a fait mourir une autre, car ils n'ad-
mettent pas que la mort puisse être naturelle.
Couvert de cornes et d'amulettes, le sorcier
exerce gravement son métier et se fait payer
très cher; quand il est appelé par un haut
personnage, il désigne adroitement comme
l'ensorceleur la personne qui lui déplaît.

X

1er *janvier* 1900. — Ce matin une jeune
fille est venue me souhaiter *a happy new year*,
fait rare au camp d'où les femmes sont ex-
clues. Elle est la fille d'un Hollandais, qui
s'est enrichi dans le pays en exploitant un
hôtel et qui connaît bien le français. Il a entendu parler du colonel français au laager où
il est campé, et il est venu en curieux. En
les voyant approcher, je dis à Sauer : « Si
cette jeune fille le voulait, elle me rendrait le
plus signalé service en recousant proprement
l'ouverture béante que le feu a faite à une
jambe de mon unique culotte. » Il me répondit : « Impossible ! » Cependant, après une
demi-heure de conversation avec le père,

celui-ci me propose lui-même de faire réparer l'accident par sa fille, sans que j'aie besoin de paraître m'être aperçu de cet accroc. A quoi sert la diplomatie de Sauer !

J'attendais, depuis quatre heures, une reconnaissance de 80 hommes à laquelle je devais me joindre. Elle s'est réduite à 15 hommes, et je la laisse passer sans m'en douter. Alors je rends visite au général Botha, toujours séduisant et aimable. Je lui exprime ma crainte que les Anglais n'aient laissé un masque devant Colenso et ramené une partie de leurs troupes au Cap pour les reporter vers Kimberley, où leur action préparerait bien plus efficacement l'offensive que lord Roberts prendrait sur l'Orange, ne commettant plus la grosse faute qui avait disséminé les efforts de Buller vers ses ailes, quand sa ligne d'opérations lui était imposée au centre, autant par les dispositions de l'adversaire que par celles du terrain et des chemins de fer, autant par raison politique que par raison stratégique.

Botha me répond que les Anglais ont porté

un camp sur sa droite, où les hauteurs s'abaissent et qu'ils construisent même un embranchement de chemin de fer pour le ravitailler, qu'il comptait le faire reconnaître par un détachement important probablement cette nuit. Il ajoute que, sachant quelle est la ténacité des Anglais, il est persuadé qu'ils s'entêteront à secourir Ladysmith. Tout est possible avec la lenteur de ces soldats anglais qui ne commencent les opérations qu'une fois que tout est disposé pour que la table soit confortablement mise et bien approvisionnée.

J'échange des vœux de nouvel an avec le général et vais ensuite saluer ces field-cornets qui sont si aimables. Partout on échange des saluts affectueux, des souhaits; il serait impossible de rencontrer plus d'affectueuse cordialité. Le temps est beau, les mimosas sont en fleur et embaument; le ciel, nuageux et orageux ce matin, s'est débarrassé sous l'effort d'une brise printanière; les gens sont tout à la fête du renouveau de l'année. A mi-pente, sous l'arbre qui abrite notre tente, j'embrasse

6.

le panorama de nos positions, entre lesquelles serpente la Tugela, je devine Colenso par derrière le *top* de la grande hauteur de gauche, noire par-dessus une ligne de hauteurs plus claires; les détails s'enlèvent avec une admirable netteté, dans cet air d'une limpidité merveilleuse. Certainement à Paris on n'a ni les mêmes lointains, ni la même clarté, ni le même calme, ni surtout cette correspondance de sérénité de soi aux choses ambiantes.

Voilà trois jours que le klip grossi empêche le ravitaillement; nous vivons d'emprunts, vaille que vaille, et n'avons pas souffert. Nos poulets se sont si bien apprivoisés que nous n'avons pas voulu les tuer, ils sont toujours autour de nous.

2 *janvier*. — Ce matin j'ai fait la reconnaissance des avancées de la position à droite; je pensais avec raison que rien n'existait par là ni ne pouvait en venir. Il serait stupide de

la part des Anglais de s'engager dans cette coulée plane, qui serait prise en flanc par les nôtres de Colenso et aboutirait de front contre nos positions sud de Ladysmith.

Tout me porte à croire que les Anglais, comme je le disais hier au général, ne sont plus ici, et l'on va entendre parler d'eux sur la Modder River. Essayer d'y aller! Mais déplacer Sauer, le wagon, les autorités pour les permis, trouver des guides, c'est à désespérer quand on vit en pays boer, et si j'y vais, ce sera pour arriver trop tard.

Cette reconnaissance m'a montré une position en demi-cercle, tenue par une vingtaine de camps boers avec deux collines avancées à droite faisant pendant à la hauteur d'extrême-gauche, quoique, cette fois, derrière la Tugela. Il y a à droite une grande trouée plate ou à peu près, dont il nous est impossible d'user tant que nous serons ici. La position, pour être vraiment occupée, demanderait

5o.ooo hommes et nous en avons 4.ooo! Comment imaginer que 20.ooo Anglais, si incapables soient-ils, n'aient pas trouvé le moyen de faire un trou dans ce rideau? J'admire un joli mouvement de chevaux et de bœufs par les creux, les vallons et les cirques reverdis des montagnes.

La canonnade anglaise à Ladysmith a enfin tué un Boer, un seul ! Qui calculera ce que ce Boer aura coûté au Royaume-Uni ?

Ces paysages pierreux à herbe rare, avec parasols de mimosas, quoique actuellement fleuris, restent plutôt rudes qu'attirants; ce qui les sauve, c'est le ciel merveilleux et la clarté unique au monde. Les excursions y sont fatigantes, et les chutes peu amorties.

3 janvier. — Hier, avec les lenteurs ordinaires, nous ne sommes partis qu'à cinq heures et demie pour Ladysmith ; la nuit est venue à sept heures, au moment où nous passons le klip.

Elle était sombre quand nous nous sommes engagés dans les mimosas avant la ferme du Boer emprisonné. Sauer guidait la marche, il prétend y voir mieux la nuit que le jour ; malgré cela il s'est f...ichu dedans ; nous avons bifurqué sans nous en douter et, après nous être retrouvés dans le clair bois de mimosas, nous nous sommes demandés comment nous n'avions vu ni ferme ni rivière. Donc, nous avons fait erreur, mais où sommes-nous ? Allons-nous vers Ladysmith ? Il y a à gauche une lueur de tentes et un projecteur qui illumine la nuit, deux détails qui n'indiquent guère un laager boer, et puis la route est bien large.

Sauer partage mes perplexités, nous tournons bride. Nous croisons un Boer qui nous apprend que nous sommes en route vers Elandslaagte. Sauer se jette à travers les kopjes pour rattraper le chemin du Hooflaager, les chevaux buttent dans les rochers, s'écroulent dans des trous ; je sens bien que nous gaffons, mais Sauer tient à son idée, comme

toujours. On s'enfonce dans cette campagne inconnue, il s'y trouve des labourés, des steppes
rocheux, bien des choses qu'on devine à leur
puissance de casse-cou. Enfin, nous aboutissons à un cours d'eau, les grenouilles sont
assourdissantes. Sauer disparaît dans la nuit;
je reste perplexe et finis par prendre mon
parti de mon isolement, quand Sauer me retrouve.

Il est désorienté et moins tenace. Je lui dis
que chercher le Hooflaager, c'est vouloir
rompre les jambes à nos chevaux et à nous-
mêmes, sans aucune chance d'aboutir, qu'il
est onze heures, qu'il faut nous résoudre à
coucher à la belle étoile, mais qu'il faut sortir à tout prix des marécages. Alors nous
nous mettons pitoyablement à tourner en
rond, poursuivis par le marais et les coupures
du sol, rejetés d'une terre où l'on enfonce
vers une saignée vaseuse où l'on s'écroule.
De temps à autre Sauer qui va devant, puisqu'il lui faut la nuit pour voir et que celle-ci
est noire à souhait, disparaît dans un trou

d'où s'exhale, en guise de plainte fluette, un
« oh! là là! », car plus la situation s'aggrave,
plus il le prend sur une modulation céleste.

Au troisième panache, malgré mes préoccu-
pations physiques terriblement astreignantes
dans ces étalements répétés, je lève les yeux
vers les étoiles, cherchant instinctivement
l'ange qui roucoule avec cette suavité. Cette
distraction me vaut une plus rude tape. Heureusement, nous atteignons des pierres ; pour
la première fois, elles me sont douces aux
pieds ; le chant ricanant des grenouilles s'éloigne un peu. Nous buttons de plus en plus
contre les blocs du kopje, le calcaire me devient plus énervant. Enfin, les pieds brisés, le
poigné foulé à soutenir notre cheval, nous
touchons à une petite plaque herbeuse que
les rochers ont oublié d'encombrer. La question est résolue pour nous allonger, mais il faudrait un arbre pour attacher les chevaux ; je
vais à la reconnaissance d'un bush qui s'es-
tompe vaguement à la crête d'un kopje ; la
montée, quoique rocheuse, est assez facile, je

constate que mon bush est pyramidé de blocs, ce qui le rend hors d'usage.

La descente devient très dure, je n'ai plus de direction, je me perds, j'appelle. Rien ! Et puis, un appel lointain de Sauer me parvient ; je crois aller vers lui, je me trompe ; nouvelles divagations rocheuses, je regrimpe vers les hauteurs, la voix porte mieux, elle me guide, nous nous réunissons enfin. Nous entravons les chevaux avec les rênes de bride et les rattachons ensemble par leur licol. Nous plaçons notre selle sous notre tête, je me mets le tapis de selle sur le ventre et j'essaie de dormir sous la splendeur du firmament. Je suis habitué à moins de luxe comme hauteur d'étage et aussi à moins de choses bossuées sous les reins ; la rosée me pénètre de façon excessive et, avant l'aube, je fais les cent pas, cherchant à m'orienter. Nous avons couché entre le Hooflaager et la ferme que nous avions entourée au lieu de la traverser. L'héliographe était une nouvelle acquisition des Boers, nous n'avions jamais approché des Anglais.

Nous avons été très bien reçus au port de Kantoor, puis chez Baff, dont la table est très soignée ; nos *drivers* filent vers Colenso ; nous attendons les généraux Joubert et Lucas Meyer.

XI

Ewald Esselen ! On aime à noter sur son
chemin les êtres exceptionnels que la nature a .
faits éminemment sympathiques. Ewald Esselen en est un : grand, une belle tête intelligente
avec des yeux charmeurs, un joli sourire, une
figure distinguée, encadrée d'une barbe au-
burn, un rêveur dont la vue passe par-dessus
les réalités et pénètre l'avenir. N'étant qu'étu-
diant, il prophétisait les grandes destinées de
son pays à force de les souhaiter avec son cœur.
Il préparait sa médecine, lorsqu'il apprend que
son pays est en guerre, quitte tout et vient aux
ordres. Plus tard, on lui persuade d'entrer dans
la politique : il devient procureur général, renonce à ce poste, jugeant qu'on ne lui laisse .

pas assez carte blanche pour s'acquitter de sa
1onction d'après les seules lumières de sa conscience et, protestant de son respect aux ordres
du Gouvernement, s'incline devant leur nécessité, tout en refusant de courber devant aucune
considération sa liberté de penser. Avocat remarquable, il gagne par an de 6 à 7.000 livres,
qu'il dépense pour tous avec une générosité de
grand seigneur que rien n'étonne ; toujours prêt
à une amabilité, à un présent, à une attention ;
aussi bon pour les autres que pour les siens,
c'est une nature exceptionnelle par la bonté
comme par la distinction. Il faut bien que
Dieu nous montre quelquefois des hommes
tels que nous devrions être ! Ewald Esselen
m'a vu malade, il est venu aussitôt à moi avec
des soldats et toutes les petites douceurs qui,
au camp, sont sans prix. Il m'a senti étranger
et m'a entouré de cette cordialité qui fait aussitôt oublier l'éloignement, les dissemblances,
les oppositions.

Jacob Van Wyck ! Celui-ci est un représen-

tant au premier Volksraad. Grand, fort, le visage énergique avec des yeux fins, le type de
la bonté qui se prodigue aux autres. Il s'est
installé à Moderspruit, tête d'étape de guerre,
et de là navigue entre le laager de Krugersdorp,
qui contient ses électeurs, et sa ferme dont il
leur apporte les produits. Il a mobilisé ses wagons qui font la navette entre Ladysmith et
Colenso; il vient d'expédier 200 poulets et déjà
se préoccupe de faire un autre envoi. Il s'ou-
blie, d'ailleurs, complètement lui-même, car
sous sa tente, où nous lui rendons visite, nous
le trouvons dépourvu de café. A Colenso, il
nous a donné ce qui lui est tombé sous la
main; il vient de nous faire avoir des conduc-
teurs, qui sont en train de nous parvenir là-bas
quand nous venions les relancer ici. Naturellement, il est extrêmement populaire. On sou-
haiterait voir nos députés s'inspirer d'une
telle popularité; je crois bien que j'aurai plus
vite une basse-cour de M. Van Wyck qu'il ne
m'écherra de toute ma vie en France un simple
poulet par le canal de mon député.

4 *janvier*. — J'apprends la prise de Kurro-
man, capitale du Bechuanaland, avec sa gar-
nison de 120 Anglais et une grande razzia.

Je vois le général Joubert, qui est prêt à m'ac-
corder de suite l'autorisation d'aller à Kimberley; mais, comme j'insiste pour n'agir que suivant son avis, il me dit qu'il me le donnera
lundi. La situation que je lui expose est tellement évidente que tous les Boers la conçoivent.
Joubert a donné l'ordre aux Boers de Kurro-
man de rejoindre Cronje. Il voudrait en finir
avec Ladysmith; mais, avant qu'on en vienne
à un assaut, j'attendrai le spectacle pour y
croire.

On me présente trois Français qui arrivent
par la *Gironde*. Venus pour se battre, ils
étaient pleins d'enthousiasme, mais ils ont été
bien désappointés en se voyant abandonnés à
eux-mêmes. On les versera à la légion germano-
hollandaise où se trouvent déjà plusieurs Français et où ils pourront être d'un petit emploi.

Le général est entouré des siens; près de lui
se tient sa femme, une duègne farouche, maigre et bésiclée, que j'ai trouvée la veille défendant son lait contre les mouches au milieu
d'un essaim de petits Cafres. Joubert est vêtu
d'une redingote et d'un pantalon noirs, le signe
de la représentation ici. Aimable, désintéressé,
sceptique, c'est un homme politique que l'on
considère comme le successeur éventuel de
Krüger, mais il n'est aucunement guerrier.
Ses ennemis prétendent qu'il a de l'admiration
pour les choses anglaises; il a remis le service
du télégraphe de M. Paff à deux jeunes Anglais qui, tout aimables qu'ils puissent être,
n'en sont pas moins des Anglais possédant le
secret de la correspondance chiffrée.

Les secrets se promènent, d'ailleurs, mur-
murés à l'oreille, et Polichinelle doit reconnaître ici son service de renseignements. Cependant M. Esselen prétend qu'il existe sans
papiers, ni registres, bien gardé dans la tête
très documentée des grands chefs. Je veux le
croire, mais à première vue j'en doute et jus-

qu'à plus ample informé je croirai que les Boers ne sont renseignés que par hasard et ne possèdent aucun service d'informations régulières et précises. Sans quoi, comment resteraient-ils des semaines dans l'incertitude des mouvements anglais à 6 kilomètres de leur camp ? Il se peut qu'avec des généraux naturellement chefs comme Botha et Cronje les choses se passent, en ce qui les concerne, plus militairement, mais la direction générale est abandonnée au hasard des circonstances et au vent de l'opinion.

5 janvier. — Nous sommes venus hier, par un joli temps couvert, de Ladysmith à Colenso. J'avais été joint, au moment de partir, par deux Français de Johannesburg. L'un deux seulement, M. Dupont, qui possédait un cheval, a accepté mon invitation pour Colenso ; mais, pour une question de déjeuner, il ne devait nous rattraper qu'au klip.

Au moment où j'allais partir, les trois volontaires français que j'avais vus hier sont venus m'apporter un gros cadeau de conserves, voulant m'en faire bénéficier, puisqu'ils manquaient de moyens de transport. Très touché de leur attention, je les ai vivement remerciés en leur disant de ne pas se démunir et en leur déclarant qu'on leur assurerait le transport.

L'état-major du quartier général est composé des parents et alliés du général Joubert, son gendre M. Malan remplissant les fonctions de chef d'état-major, tandis que Mme Joubert pourrait être assimilée au grand quartier maître général. Ils sont tous aimables et d'un abord facile, excepté Mme Joubert, qui doit être très bonne au fond, mais qui sait faire d'autant plus savourer sa bonté qu'elle l'enveloppe de plus de formes rébarbatives. L'ensemble, au milieu des animaux, des négresses, des grandes tentes, présente un aspect plutôt forain que militaire.

Après avoir déjeuné sous la tente de M. Esselen, parti pour Pretoria, et fait nos adieux, nous avons recueilli les doléances de Paff, qui devait nous accompagner et qui se voit durement retenu par une note de service. Nous finissons par enfourcher nos montures et nous allons assez bon train jusqu'au klip. Là, les wagons sont dételés, personne ne passe, la rivière est trop forte.

Après avoir pris un biscuit et du baltony, et mis les chevaux au pré, nous attendons avec ennui, en compagnie du secrétaire du général Botha qui emporte, dans son spider, un gigot de mouton, cadeau de Ladysmith, quand Sauer qui rôde de-ci de-là nous apporte l'invitation à luncher des Allemands qui construisent le pont. Braves gens, mouton aux oignons, café noir; nous nous refaisons, et j'apprends que celui qui nous traite a fait la guerre de 70, où il a été blessé.

Enfin, M. Dupont arrive avec trois Italiens qu'on lui a confiés. Tout cela lunche chez l'Allemand jusqu'à ce qu'on apprenne que le klip baisse. On aperçoit quelques chevaux emportés à la dérive par le courant comme s'ils étaient noyés. On a installé un va-et-vient avec un minuscule radeau où l'on s'embarque tout nu en contrepoids de son harnachement et de ses effets. Je cours rattraper les chevaux. Nous nous engageons derrière le spider du secrétaire tiré et piloté par les Zoulous. Le frêle équipage capote et se disloque, le secrétaire et le coffre se séparent du train, et il faut le hasard ou l'à-propos des Cafres pour ressouder le tout en plein courant. Bientôt, les chevaux sont à la nage, nous baignons jusqu'à la ceinture, mais mon cheval est adroit et je ne dérive pas trop. Je suis resté mouillé jusqu'à l'heure de me coucher, malgré de violents temps de trot.

Sauer, qui suit son idée de passer en radeau et que nous finissons par abandonner, nous rattrape enfin. La pluie vient, nous arrivons à temps pour cuire notre gigot et offrir à Dupont un excellent dîner. Entre temps, il nous est venu un lot de Cafres convenables, et nous n'aurons plus à travailler comme des noirs.

Nous avons reçu des ustensiles perdus en gare, des bouteilles, des légumes, des fruits, jusqu'à des œufs; aussi, ce matin, avons-nous pu déjeuner d'une omelette, de notre gigot réchauffé et de *jam* avec une *cup of tea;* un régal !

Je reviens d'une visite au général Botha, qui m'a reçu avec son amabilité ordinaire, a écouté tous les renseignements que je pouvais lui donner èt veut faire route avec moi pour Pretoria, après avoir passé son commandement à Lucas Meyer. S'il va, comme je l'espère, à la Modder River ou au Cap, je serai bien heureux de lier ma fortune à la sienne. Il doit venir me voir tout à l'heure, pour m'associer à un événement que j'entrevois pour ce soir ou demain et qui a sûrement rapport à Ladysmith.

6 janvier. — Hier soir, le secrétaire du général Botha est venu me prévenir que le général me prendrait en passant, à deux heures du matin. Dîner lourd de concombres farcis, organisation du départ plus lourde encore, palabres avec Sauer toujours maniaque, insomnie, à une heure café, avoine aux chevaux et enfin mise en route au hasard de l'obscurité.

L'entrée en colonne des Boers n'offre rien de mathématique, mais un groupement par commando arrive à se faire ; ces hommes y voient la nuit aussi bien que le jour et galopent au long de la route pour rejoindre leur groupe. J'emploie toute mon attention à ne pas perdre la distance, puis nous nous engageons en pleine campagne, trébuchant contre les pierres, enfonçant aux endroits vaseux, les chevaux faisant des miracles d'équilibre, franchissant, glissant, se faufilant autour des roches, contournant les kopjes, disparaissant dans les dongas. Cette chevauchée aux étoiles sur ce sol inconnu, semé d'obstacles, à une allure parfois très rapide, constituait pour moi un danger autrement grave que le feu auquel j'ai été exposé toute la journée. La colonne a été arrêtée par le général derrière une hauteur qui domine la plaine de Ladysmith, à hauteur de l'hôpital. Les chevaux tenus en main par groupes, les cavaliers en halte gardée, une reconnaissance a été décidée. Nous étions en réserve avec ordre d'y rester. C'était peut-être regrettable, car, à un moment, il a paru que l'affaire marchait bien pour nous entre huit et neuf heures, et le poids de cette réserve aurait pu la décider. On a hésité, mais l'ardeur des hommes a fini alors par en emporter un grand nombre ; j'ai suivi le field-cornet de Bocksburg qui descendait dans des blocs cachés par une haute verdure au grand galop de son cheval.

Arrêt dans un ravin, pied à terre, rassemblement, reprise de la marche dans les mimosas, arrêt et abandon des chevaux à la limite du premier bois de mimosas. A pied, traversée rapide des découverts, faufilé dans les bushs, arrêt derrière des kobjes, engagement successif des hommes autour d'une montagne boisée dont les Boers enlevaient le sommet, tandis que les volontaires du Natal disputaient les dernières pentes boisées. Feu, tantôt violent, tantôt méthodique, comme un tire à la cible.

Nous nous échouons dans un ravin, près d'un affluent du klip, je somnole au fond de ma vase, tandis que la mousqueterie siffle sur ma tête. Les Boers prennent comme sport de passer l'un après l'autre jusqu'à l'abri de la rive à pic de la rivière en traversant 150 mètres de joncs et de découvert. L'eau monte à mi-jambe. C'est alors une fusillade comme sur des lapins.

Une fois près de l'eau, les Boers, au frais, oublient le combat; les uns sont nus et se baignent, les autres lavent leur linge, la plupart restent à l'ombre, le dos tourné à l'ennemi. Il arrive que celui-ci finit par les prendre à revers et les crible de balles; ils répondent au feu, puis se dispersent dans tous les costumes comme une volée de moineaux et reprennent une position à deux fins sur les bords de la rivière.

Cela me tire de mon somme, j'attends que

les Anglais qui sont près de moi aient été con-
venablement fusillés et contraints à regagner
leur position, et je me glisse sous les mimosas;
je finis par y découvrir un Boer avec qui j'avais
lié conversation tout à l'heure, et nous traversons la rivière à la course sous une pluie de
balles pour rejoindre les Boers et le field-cornet. J'aperçois à ce moment un docteur allemand à lunettes, qui porte un cadavre sur son
cheval blanc et vient d'abandonner son fu-
nèbre fardeau pour un blessé à qui une terrible
et extraordinaire blessure vient d'enlever les
deux yeux.

L'action se traîne, et la canonnade se ralentit.
J'ignore le plan d'attaque suivi et ne puis dire
s'il se rapproche ou non du mien. Le mouvement s'est fait de nuit; il y a eu surprise, ainsi
que nous l'a appris le tir précipité d'une pièce
maxim en pleine nuit (trois heures du matin)
en guise d'alarme. On a approché les positions
anglaises de façon à les tenir sous le feu de
l'infanterie, ainsi qu'en a témoigné une fusillade nourrie et prolongée.

La manière des Boers est tout à fait singulière. Ils restent assis ou couchés dans leur abri, tournant le dos à l'ennemi, n'ayant même pas de factionnaire ; puis, sans qu'on ait deviné ce qui secoue leur farniente, ils se retournent et entament un feu violent qu'ils interrompent bientôt d'eux-mêmes. Ici, comme ils ont affaire aux volontaires du Natal, ils les interpellent sans amertume. « Allons, frères, voici que vous nous dérangez ; votre soigneuse patrouille s'est encore fourrée dedans, voici pour vous, frères ! » Et ils les saluent d'un feu à volonté. Il me semble bien qu'ils prodiguent les munitions lorsqu'ils sont ennuyés d'une affaire qui devient sans importance comme celle-là. A un certain moment, le field-cornet leur ordonne de brûler des munitions, et ils obéissent avec un entrain que rien n'arrête plus. Aux balles qu'on nous renvoie, je mesure combien notre feu est exagéré et, à l'impossibilité de voir l'ennemi, combien fictif !

L'orage vient, éclate, nous mouille, je vais me réfugier dans une crevasse, de l'autre côté de la rivière, avec un ami du field-cornet, homme charmant et parlant anglais : nous causons chasse, il est de la région qui avoisine l'Ipopa, la terre des grandes chasses. Grâce à lui je ne m'ennuie pas et, dans mon trou, je ne suis mouillé que des pieds aux genoux. A un moment, je songe à ma pèlerine, qui est à une demi-lieue sur mon cheval, et je traverse presque à pied sec pour retourner au field-cornet afin de le lui dire. Comme en me retenant je me suis sali les mains de boue, je me lave tranquillement sous le feu bien réduit des Anglais, ce que les Boers trouvent très imprudent. Je reçois leurs reproches, mais alors subitement la rivière s'emplit d'une trombe d'eau qui coule avec un courant furieux, nous sommes coupés. Rien de facile comme de nous pincer entre ce torrent et la colline occupée par l'ennemi. Je trouve la situation risquée et peste contre les Boers qui continuent à épuiser leurs munitions pour faire peur à l'ennemi, quand ils peuvent en avoir tant besoin si la situation devient critique. Je suis transi de froid, on me donne un morceau de baltony que j'avale sans biscuit.

La nuit est venue. Enfin le torrent baisse, le courant se ralentit. L'ordre avait été envoyé de partir ou de rester à volonté ; rien de précis comme d'habitude. Il n'y a qu'à partir, la hauteur appartient par le haut au Free State ; on l'occupera demain tcut à fait au petit jour. Je regarde ces pauvres Boers trempés, les pantalons souillés de boue, et cependant tous gais ; pas une plainte ni un mot d'humeur. L'un deux m'enlève sur ses épaules et me passe de l'autre côté, tandis que tous se trempent jusqu'au ventre. Je lui ai été bien reconnaissant de ce service, car je me sentais si mouillé et j'avais si froid que j'en prenais mal. Enfin nous voici vers nos chevaux ; c'est avec bonheur que je revêts ma pèlerine et bois une gorgée d'eau-de-vie. Nous rentrons, avec les cavaliers de Bocksburg, jusqu'à Colenso dans la nuit si noire que je cherche à me placer derrière un cheval blanc pour ne pas me perdre. Je retrouve en cours de route Dupont et Sauer, échoués et égarés, et cause avec plusieurs Boers d'origine française, ce dont ils sont tous très fiers et ce qui me vaut leur affectueuse sympathie. Enfin, nous arrivons à onze heures.

7 janvier. — J'ai dormi jusqu'à neuf heures. Je n'étais pas inquiet pour Colenso, dont les Anglais sont partis. Le général Lucas Meyer est arrivé, ce n'est qu'un cri contre l'absence d'ordres de la veille : « Joubert n'a voulu prendre aucune responsabilité ! Joubert n'y entend rien ! » Le général désire aussi aller vers le Cap, chacun veut quitter l'armée du Natal. Un field-cornet venu déjeuner avec nous nous dit que le cœur lui saigne d'une opération aussi déplorablement menée.

C'est un professionnel de la chasse, il a tué tous les grands fauves, il ne lui manque qu'un rhinocéros. Son père faisait comme lui, il a été dressé tout enfant. Il s'offre à m'accompagner pour rien pendant trois mois et, pendant cette période, de me prendre des couples de petits de tous les animaux du type antilope jusqu'à l'élan pour les apporter en France. L'élan trotte, la girafe galope, il faut les suivre à travers les bushs de toute la vitesse de son cheval et les tirer à la course. Pour la girafe on court en la serrant de tout près afin de profiter de l'écartement des branches qu'elle opère avec son cou puissant avant qu'elles ne se referment. La tête de l'animal domine le bush, elle sert de direction. Avec sa chair on fait le meilleur *baltony;* mangée fraîche, elle est exquise, celle de la femelle surtout, lorsqu'elle est prise sous une épaisseur de trois doigts de graisse; c'est la plus savoureuse chair qu'on puisse trouver. La peau est remarquable pour faire des lanières et des tiges de chaussures.

La chasse est très dure par ces pays déserts, sans eau souvent. On emmène un wagon et des ânes, les seuls animaux qui ne soient pas soumis à la piqûre de la mouche tsé-tsé. L'eau

envenime aussitôt la piqûre, surtout l'eau
de pluie; les animaux enflent rapidement,
principalement à la gorge, qui se remplit d'une
humeur jaunâtre, et meurent presque aussitôt.
Cette mouche vit où se trouve le *game*, si bien
qu'on peut la trouver sur un versant et pas
sur l'autre. Mon chasseur a perdu par elle
toutes sortes d'animaux ; au lieu de bœufs sur
un wagon, il emmenait de préférence les vaches,
suivies de leurs veaux, pour avoir du lait ;
toutes sont mortes. On vit de ce qu'on tue. Le
remède contre la piqûre du tsé-tsé est l'acide
carbonique avec du lait frais, mais combien il
est difficile de s'en procurer au désert!

Ces chasses se font aux confins des pays
transvaaliens, anglais et portugais, si bien que
régulièrement la permission des trois Gouver-
nements est nécessaire ; tout au moins, faut-il
verser des bacchishs importants.

Les chutes sont nombreuses, mais, malgré
les passages effrayants, aux allures les plus
vives, on ne parle pas d'accidents. Les chevaux sont de tout premier ordre. Lancés à fond

de train à travers les rocs, par-dessus les dongas, à travers les fourrés, ils courent avec une
sûreté merveilleuse. Quant au cavalier, pour
peu qu'il y mette de la prudence, il n'avance
plus, et la chasse lui échappe. Quand on a gagné
de vitesse l'animal qu'on poursuit et qu'on se
voit à portée, on touche son cheval à l'en-
colure et il s'arrête net en se raidissant sur les
jarrets, on saute à terre et on tire. Même à la
course, notre chasseur estime que sur cinq animaux tirés il en abat quatre. Si l'on joint à
ces facultés de cavalier et de tireur la prodigieuse acuité de vue des Boers, on comprend à
quel point ces hommes diffèrent de nous. Leur
mémoire des lieux, la facilité avec laquelle ils
se retrouvent sont stupéfiantes ; la nuit, perdus en pleine brousse inconnue, pour revenir
à leur wagon, ils laissent, en dernière res-
source, faire leurs chevaux, qui les ramènent.

C'est à quoi je me suis résolu, hier, dans
l'impossibilité où j'étais de distinguer ma
route, pourtant faite vingt fois.

Nous partirons demain à la première heure

pour le Hooflaager afin d'obtenir l'autorisation d'aller à la Modder River.

Je serai d'ailleurs heureux de quitter le général Joubert, qui est surtout un homme politique, n'entend rien à la guerre et peut continuer à moisir autour de Ladysmith. Je regretterai la Tugela et le général Botha si, comme je le pense, nous ne devons pas nous retrouver; voilà Lucas Meyer qui parle de lui passer le commandement pour aller au Free State!

XII

8 *janvier*. — Nous devions partir à quatre
heures ; il en sera bien sept quand nous serons
prêts, et encore ! Je regarde les Cafres opérer, jamais brutes plus inertes n'ont usurpé
leur place dans l'humanité. En fait d'idées,
ils sont incapables d'en avoir une et, à plus
forte raison, d'en associer deux. S'ils font
quelque chose de raisonnable, c'est par hasard,
c'est que leurs doigts ont tourné dans un sens
mécaniquement heureux, comme ils auraient
pu tourner à l'inverse. On prétend que certains, spécialement stylés, arrivent à bien faire
un certain nombre de choses restreintes, c'est
alors une question d'habitude, comme pour le
cheval, mais l'initiative de l'acte le plus simple,

8

ou seulement l'exécution d'un ordre qui n'est pas aussitôt accompli, leur échappe entièrement. Il est impossible, par exemple, de se faire réveiller par un Cafre, ou, si la chose se produit, c'est que l'heure du réveil a coïncidé avec une occupation personnelle qui l'a poussé à déranger votre sommeil. Je ne connais aux Cafres qu'une capacité, c'est celle de l'estomac qui absorbe des quantités de viande phénoménales. Nos aliments, nos légumes, nos fruits leur plaisent, mais ils sont incapables de se les procurer sans les voler, tant leur inertie cérébrale exclut toute prévoyance.

Le passage du klip a été naturellement l'objet des temporisations de ce bon Sauer, sa nature le portant à scruter les inconvénients d'une décision avant de la prendre, ce qui généralement permet de s'y dérober. Cependant, quand il nous voit filer, Dupont et moi, las d'attendre et pris d'un beau mouvement, il s'élance à la tête de ses cinq noirs qui, depuis deux heures, gigotent nus dans l'attente suprême, et notre wagon se hisse sur la rive opposée sans autre accident que la rupture de son timon. Quand Sauer nous rejoint, conscient de son intrépidité, il nous trouve encore sous l'impression de ses lenteurs, si bien que nous ne lui rendons pas la justice due aux grandes actions, confus peut-être au fond de notre égoïste lâchage alors qu'il s'allait ainsi prodiguer.

A l'arrivée, visite au général Joubert, qui me parle naturellement de mon rapport sur l'attaque de Ladysmith, alors qu'avant l'affaire il ne m'en avait pas soufflé mot. Je reconnais bien là le partage des responsabilités, mais je lui fais simplement observer qu'un rapport, si précis qu'il fût, n'était pas un ordre de mouvement et demandait, pour être transformé, des indications précises d'heure et de tâche. Il est certain que, si le détachement du camp de Pretoria avait marché de nuit et non de jour, il eût produit un autre effet et n'eût pas éprouvé les mêmes pertes. Joubert reproche au général Botha d'être venu sans ordre, ce que je ne saurais admettre avec le rôle négatif que le premier s'est attribué. Enfin, il me demande, séance tenante, un autre rapport et me donne rendez-vous avec les commandos pour le lendemain au camp de Free State. Je le prie, en tout cas, si mon rapport doit se transformer en ordre d'exécution, de me charger de faire moi-même les reconnaissances avec les chefs de colonne et de laisser à ceux-ci la responsabilité dans leur secteur et la libre disposition de leur réserve. Il est inadmissible, en effet, que, sur un terrain de cette étendue, le général en chef prescrive les renforcements, attendu qu'il ne juge pas suffisamment de l'action et que ces renforts ne pourraient quand même intervenir à temps. Ceci explique la gravité de nos pertes, 54 morts et 103 blessés, certaines colonnes ayant poussé l'affaire, tandis que d'autres s'abstenaient, ce qui a même empêché les premières de conserver les résultats acquis. Il est constant que, dans cette affaire si peu dirigée, les Boers ont conquis une position maîtresse, qui a été évacuée faute d'ordres et parce que le temps était à la pluie.

Quoi qu'il en soit, je reste, et demain, avec Léon, je ferai un tour à Harrysmith (cinq heures de route); ce point étudié, et c'est le plus rapproché du réduit anglais, je rédigerai un ordre de mouvement, dont la précision même sauvera ma responsabilité, car, pour engager celle-ci, il faudra qu'on se soumette à celle-là. Mais recommencera-t-on? J'en doute, ce travail devant servir surtout à masquer une retraite.

Sauer nous quitte demain matin, il grillait d'envie d'aller goûter les joies de la famille, et je n'ai pu que l'engager à donner suite à son projet, d'autant qu'il emmènera notre wagon pour le faire réparer. Dupont part aussi, je serai prêt mercredi à en faire autant avec Léon, en compagnie de qui je filerai sur la Modder River, puis sur le Cap.

Je vois le capitaine Ricchiardi, qui veut organiser une légion italienne; je lui souhaite de réussir. Les trois jeunes Français vont lui être donnés, mais je serais bien étonné si cette légion était prête à opérer avant la fin de la guerre.

9 *janvier.* — Journée de pluie au Hooflaager passée dans ma tente, où la pluie pénètre ; oh ! l'ennui de ne pouvoir rien faire sous la cinglante taquinerie de l'averse ! Toujours la déveine du Hooflaager !

J'ai vu la silhouette sévère du général Bür ger se diriger vers la porte. Cet homme jette du sombre autour de lui et porte la guigne. C'est lui qui m'a reçu au Hooflaager, j'y suis tombé aussitôt malade, je m'y suis toujours mortellement déplu et j'aurai hâte d'en échapper tant je n'en attends rien de bon.

Voilà une journée perdue ! L'expédition du rapport demandé par le général Joubert est remise, et la figure triste du général Bürger me confirme dans l'appréhension que la guerre ne finira pas de si tôt.

Bürger, membre du Conseil exécutif, à qui la dureté des temps confère le généralat comme à Joubert, comme à Kock, l'infortunée victime d'Elandslaagte, représente assez exactement ce que produiraient chez nous des Dupuy et des Ribot si on les crêtait de la plume blanche pour les lancer à la tête de nos escadrons.

L'allure, toutefois, diffère si la pratique guerrière est pareille. Le général Bürger, grand, maigre, ascétique, avec une barbe en fer à cheval très noire qui, vu l'absence d'expression des yeux et de distinction des traits, devient la caractéristique du visage, évoquerait chez nous l'idée d'un compagnon charpentier ; on regarde d'instinct si une branche de compas ne déborde pas de la poche du pantalon. C'est un homme de grand sens, sévère à lui-même, aussi estimable que dénué d'agréments. Il fut candidat à la présidence, lors de la dernière élection ; c'est sur lui que comptent ceux qui aspirent à l'effacement le plus complet possible du président. Un caractère comme Krüger sollicite une réaction, et Bürger en est une garantie.

Joubert, sans doute, n'offrirait. pas davantage de fermeté, mais il masquerait adroitement ses indécisions de toutes les adresses, qui en reporteraient le résultat sur les autres. Bürger, prétend-on, saurait atteindre à une franchise d'irresponsabilité dépourvue de tout artifice. Lorsqu'il parle en public, c'est avec une froide abondance, mais avec toute l'autorité d'un honnête homme doublée de l'impérieuse conviction d'un croyant.

Le général Joubert est d'aspect tout autre. Petit, fort, une grande barbe presque blanche, les yeux fuyants et fins, l'abord aimable et bienveillant, il siège à une petite table étonnamment disproportionnée avec la grande tente du Conseil qui l'abrite. A côté de lui écrit son secrétaire; en face s'allonge son gendre, qui croit grandir son importance par l'étalage de son sans-gêne. Ce gendre s'est attribué les fonctions de chef d'état-major et s'empare des papiers avec des âpretés de père Joseph, tant il est convaincu qu'il porte le Transvaal sur ses épaules par l'intermédiaire de son beau-père.

Il est évident que le général Joubert est un homme de foyer, que sa famille le chambre et, à défaut de rémunérations officielles, que les siens entendent confisquer son prestige au profit de leur petit cercle. Considérablement riche, s'il met un point d'honneur à tenir ceux qui l'entourent éloignés des places du Gouvernement, il ne leur ménage pas le copieux bien-être de la meilleure existence boer.

Mme Joubert, que je n'ai fait qu'entrevoir entre les pintes de lait de ses vaches et les allées et venues d'un lot de négrillonnes, m'a paru la femme du devoir domestique et de la rigidité protestante. J'ai senti, à n'en pouvoir douter, que l'effet que je lui produisais était pour le moins assez déplaisant, et elle n'a eu recours à aucune hypocrisie d'attitude pour me le laisser ignorer. Pour être différente, l'opinion que j'ai emportée d'elle tendait à des réciprocités d'éloignement. Elle m'a donné l'impression de la femme vieillie dans l'autorité du foyer au point d'y ankyloser sa grâce dans des ferveurs de commandement où s'éteint tôt le rayon du sourire. Le fond reste bon et bienfaisant, tous se plaisent à le dire, et j'ai hâte de proclamer moi-même l'injustice d'une apparence dont j'ai dû me contenter.

Ce matin, Sauer est parti pour Pretoria, d'où il ne sortira plus, dès que la vie de famille l'aura ressaisi. N'ayant pas les mêmes ressources de conversation que lui à offrir aux noirs, je crains qu'ils ne mettent tout au pillage pour tuer le temps. La pluie tombe, d'ailleurs, sans interruption, et faute de prélart, depuis le départ du wagon cassé, je suis bien obligé de les laisser sous la tente qui abrite nos conserves. Léon, que la pluie a naturellement retenu, m'a laissé à mon isolement et, sauf quelques visites amicales, j'ai pu aujourd'hui méditer à mon aise.

On comprend ici la situation, on la discute, mais nul ne la domine. Le maintien à Ladysmith du général Joubert et du général Bürger est une anomalie ; c'est à Pretoria qu'ils devraient être ; c'est de Pretoria qu'ils pourraient donner une direction stratégique, puisque, chez les Boers, il est entendu que tout le monde peut faire de la stratégie ou plutôt que la stratégie n'existe pas au sens militaire. Botha ou Lucas Meyer resteraient alors maîtres

de toute la situation au Natal, et l'on en fini-
rait avec Ladysmith, sous un chef militaire
qui donnerait ses ordres avec précision.

Delarey vient d'être nommé au Cap ; il paraît que c'est un bon choix. Il me semble bien
que l'époque des pauvretés militaires touche
à sa fin ; sans cela, ce serait à désespérer de
vaincre les Anglais, et, puisque les Boers re-
fusent l'initiative, il appartient à lord Roberts
de la prendre.

10 *janvier.* — Une carte des environs de Ladysmith a été dressée par un ingénieur américain, je l'ai eue sous les yeux chez le directeur du service télégraphique, un Européen qui classe bien ses papiers, trop bien même, car, depuis qu'il a quitté le camp, il est impossible d'en retrouver un exemplaire même chez le général en chef.

Les Boers ont l'ignorance et, par conséquence, l'indifférence des cartes géographiques. C'est une difficulté de plus dans la rédaction de rapports qui doivent leur faire comprendre l'utilisation du terrain.

Aujourd'hui, il doit y avoir conseil de guerre au camp du général Erasmus. Hier, on

9

n'a rien décidé au Hooflaager, car on a jugé
la distance trop grande, vu la pluie qui continue à tomber. Il paraît que Joubert opine
pour recommencer l'assaut. On discutera cette
question et la proposition de Léon pour repla-
cer, en lui construisant un abri blindé, un
des « long-tom » au-dessus du camp de Harrysmith. Le feu des Anglais a empêché d'y
maintenir celui qui avait été placé au début.
Si les chefs se prononcent pour ces deux mesures, je ferai aussitôt ma reconnaissance de
l'attaque sur le fort, en partant du camp de
Harrysmith, le point le plus rapproché.

Le conseil n'a pas eu lieu, le klip, grossi,
ayant empêché le commandant du Free State
de passer et moi d'aller au camp de Harrysmith. J'ai fait avec Léon une excursion au
Bulwapa, fatigante et sans intérêt. Revenus à
six heures, nous sommes allés chez le général
lui faire nos adieux. Tout a été décidé pour le
départ, et j'ai été de nouveau présenté à
Mme Joubert, qui, cette fois, a été aimable,
même très aimable. Je suis ensuite rentré pour

achever le chargement du trolley. Mais Léon, qui était resté, m'a appris à son retour que tout était changé, des nouvelles graves ayant été reçues de Lourenço: il paraît que lord Roberts amènerait des forces nombreuses pour reprendre Ladysmith, ferait son mouvement par la droite de Colenso et aurait déjà des troupes sur la petite Tugela.

Faute de reconnaissances, faute d'un service de renseignements organisé, nous sommes à la merci de toutes les surprises comme de toutes les mystifications. On voudrait placer un long-tom sur la droite de la position de Colenso, entre la grande et la petite Tugela, mais on ne décide rien, pas même d'aller y voir. Il faut vraiment que l'ennemi pousse les Boers par les épaules pour qu'ils se décident à faire quelque chose. La peur des dérangements et des précautions inutiles leur fait écarter systématiquement tous les éléments de lumière comme toutes les occasions de fatigue ou de danger.

L'imagination nous porte, nous, à prendre des mesures prématurées ou sans objet, parce

que nous nous plaisons à la faire travailler
sur des données militaires qui nous sont fa-
milières. Ici, ni imagination, ni données militaires, mais un bon sens qui s'en tient à des
mesures d'une simplicité antique, justifiées
par une urgence indéniable. On n'arrive pas
à faux, mais on n'empêche rien. Dès qu'une
situation surgit, on réunit un conseil de guerre,
ou, pour le moins, l'on court s'aboucher avec
le chef qu'elle concerne. Jamais l'ordre immé-
diat du commandement ne vient, comme
dans une armée organisée, parer à la difficulté; il en résulte une conversation après
laquelle l'idée du chef qui doit ordonner se
trouve plus obscure encore qu'auparavant, les
gens opinant seulement avec leur tempérament là où aucune obligation précise de rai-
sonnement ne les limite. Avec cela une sorte
d'habitude du suffrage universel, qui met de
perpétuelles lisières à la volonté par le besoin
de la conformer en tout à la volonté générale,
donne au commandement boer des timidités
incoercibles.

S'il est vrai que le général Roberts, recommençant la faute de Buller, mais pour des raisons plus instantes, puisque la situation de Ladysmith s'est aggravée, ait à cœur de mener une première opération au Natal et y rencontre un important renfort, le général Joubert devrait :

1º Lancer une forte reconnaissance sous le général Botha vers Estcourt et Wienen, pour discerner la force et les projets de l'ennemi ;

2º Opérer la reconnaissance des positions à l'ouest de celle de Colenso et, s'il y a nécessité de s'étendre, introduire un détachement isolé, la position du général Botha étant déjà démesurée pour ses troupes ;

3º D'après la reconnaissance mesurer s'il lui reste le temps de frapper un nouveau coup contre Ladysmith, faire venir en hâte le long-tom réparé, l'installer sous un logement blindé vers le camp de Harrysmith et combiner un nouvel assaut avec une précision qui, cette fois, écarte la possibilité d'un échec.

Au lieu de cela, je crains bien qu'on se

borne à offrir à l'ennemi un plastron rivé à
Ladysmith, immuable à Colenso.

11 *janvier*. — Je vais à Harrysmithlaager
par une jolie route serpentant à travers des
prairies ou des bois de mimosas en fleurs, avec
des échappées sur la plaine de Ladysmith. Il
faut traverser la rivière en relevant les jambes
au-dessus des fontes. Je passe dans la montagne en vue de Pretorialaager et laisse
Kroonstadt pour couper entre deux kopjes et
me diriger ensuite en longeant la plaine de
Ladysmith, jusqu'au long-tom en position face
au camp anglais.

De là, j'atteins le klip, où je trouve un
commando qui se dirige sur Colenso ; je fais
route avec lui, puis m'en sépare pour chercher
Harrysmith à mon idée, et j'ai la chance que
ce soit ce laager que j'aperçoive au loin. Je
m'y rends en galopant dans les prairies pleines
de chevaux et de troupeaux et, après quelques

détours nécessités par des dongas, je grimpe sur la hauteur où s'accroche le camp.

J'y suis très courtoisement reçu par le commandant de Villiers, qui s'excuse de ne pouvoir m'accompagner dans ma reconnaissance, me donne son secrétaire et un soldat boer, et je monte sur la position la plus belle qu'on puisse rêver pour foudroyer le plateau.

Le vent souffle si fort que j'ai de la peine à écrire et à fixer ma lorgnette. Je reviens après six heures; il ne peut être question de rentrer. Le commandant m'a offert très aimablement l'hospitalité, je le suis à table.

On sert d'excellents légumes frais avec le bœuf : carottes, pommes de terre, haricots, fèves, le tout arrosé de café avec du lait frais. Je mange en homme qui a vécu sur une tasse de café depuis cinq heures du matin. On me couche très confortablement, et je passe une excellente nuit, malgré le vent, la pluie et quelques coups de fusil tirés aux postes avancés.

12 *janvier*. — Je choisis, pour le retour, un autre chemin, en dehors de la montagne, à rayon largement enveloppant. La route est longue, très belle par endroits, loin des laagers, à travers des cultures cafres et des troupeaux de chèvres laineuses et blanches comme des moutons. Je me vois, à plusieurs reprises, obligé de recourir à des renseignements, tant je me sens peu sûr de ma direction. Mon cheval est fatigué et tousse beaucoup.

Léon m'apprend que nous partons ce soir pour Elandslaagte et, demain matin, pour Pretoria. Il est temps : la semelle de mon soulier gauche a lâché, et mon harnachement lâche depuis longtemps. Je suis dans un état de délabrement déplorable. A quatre heures nous partons, non sans appréhension pour notre attelage. Après des arrêts multiples et des craintes fréquentes de verser, nous finissons par nous mettre en train et nous faisons d'un bon trot la route. Mon cheval, quoique toussant beaucoup, aura bien ses 100 kilomètres.

A Elandslaagte nous nous installons dans

le wagon de Léon. Il se met à préparer un excellent dîner et me sert un menu somptueux : omelette aux oignons, poulet sauté, haricots verts, lait frais, pêches, jam. Nous nous offrons l'extra d'une bouteille de bordeaux dont je bois, envoyant au diable la dernière prescription de mon régime. Le cheval et le grand air valent bien des médicaments, et les repas supprimés permettent à l'occasion de faire honneur à un menu d'honnête homme. Nos chevaux sont installés dans une écurie, où ils semblent, quoique serrés, très contents de l'aubaine. Nous dormons dans le wagon, et je pense, en disant adieu à Ladysmith, que je quitte le Natal probablement pour toujours.

Il ressort, en effet, des dernières nouvelles que les Anglais occupent en force les positions entre les deux Tugela, qui dominent notre droite de Colenso. Rien ne les empêche donc de s'engager dans la plaine qui troue les chaînes de hauteurs jusqu'à Ladysmith.

Sans doute, en manœuvrant sur leur flanc

droit, nos troupes de Colenso leur rendraient
la marche périlleuse, mais les Boers ne savent
pas lâcher leurs positions pour manœuvrer. Il
en résulte que la marche des Anglais viendra
se heurter aux laagers boers du Free State au
sud de Ladysmith, bien faibles numériquement
pour lui résister, ce dont les Boers ne s'aper-
cevront que beaucoup trop tard, lorsque l'évé
nement se sera produit. C'est cette disposition
d'esprit des Boers qui les empêche d'accepter des
mesures de préparation ou d'information et qui
rend avec eux tout travail d'état-major illusoire.

Sauf avec le général Botha, qui parcourait
sans cesse ses positions et comprenait l'importance des observations qu'on lui faisait, je n'ai
pu, jusqu'ici, obtenir quelque chose que des
approbations, jamais une décision.

Comment le général Joubert, malgré son
intelligence, pourrait-il être convaincu d'une
nécessité, puisqu'il ne monte pas à cheval et
qu'il n'a autour de lui personne en qui il puisse
militairement se confier pour apprécier une
situation ? Il garde le pouvoir, c'est-à-dire

l'initiative des résolutions, et nul ne cherche à agir en dehors de lui ; en fin de compte, on attend tout des Anglais pour se décider dans un sens ou dans l'autre. C'est rendre l'offensive des Anglais facile à conduire jusqu'au combat inclusivement et permettre à toutes leurs lenteurs, si contraires à l'esprit de la guerre, d'aboutir. Je serais bien étonné, si les Anglais sont réellement en forces entre les deux Tugela, qu'ils ne réussissent pas, cette fois, à débloquer Ladysmith, mais je laisse les événements me conduire, et puisque l'exode sur le Free State était en train, je me laisse conduire de ce côté, sûr que la délivrance du général White ne sera qu'un incident.

L'on s'est battu quatre jours à Colesberg avec succès de notre côté, ce qui prouve au moins que les Anglais y concentrent quelque chose. Je continue, d'ailleurs, à ne rapporter que ce que je vois, les récits des journaux présentant les faits dans un style tellement épique qu'il est impossible de leur attribuer la moindre valeur de réalité.

janvi...
a   un long   arquement de notre wagon.
encoé, je   rencontre de Degeorges
site la boulan   e de M. de Sainte-Croix,
marche nuit et   r et fabrique d'excellent
.

examine la   tion. de Dundee : la ville est
s une pl   entourée de hauteurs. Sur
le qui   ande de plus près Dundee
a   al Lucas Meyer (le 19 octobre)
avec deux pièces et deux maxims ; il ouvrit le
feu sur le camp anglais qui n'était pas gardé,
les troupes étant occupées à déjeuner. Comment les Anglais avaient-ils pu laisser leur
infanterie sur un sommet où il y avait de l'ar-

tillerie, au lieu de la faire descendre jusqu'à
un mur en pierre qui coupait la pente trans-
versalement ? Ils tentèrent un assaut contre
Lucas Meyer, mais les Boers les chargèrent
jusqu'à ce mur en pierre. Erasmus, avec ses
troupes et toute son artillerie, occupait une
autre hauteur plus rapprochée du chemin de
fer qui permettait de tourner les Anglais. Il
ne bougea pas, sous prétexte que le brouillard
le gênait. Cependant, il eut, malgré lui, l'occasion de faire prisonnier un détachement anglais qui s'était égaré en voulant tourner la
droite de Lucas Meyer. En outre, un commando fermait la plaine au sud et ne se déplaça que
lorsque tout fut fini et que les Anglais furent
partis. Ceux-ci s'échappèrent vers Ladysmith
en faisant un grand détour, à l'est de Dundee,
abandonnant tout sur le champ de bataille,
jusqu'aux boîtes de conserves de leur déjeuner.

14 *janvier*. — Arrivée à Pretoria. Je suis
logé chez MM. Léon et Grünberg.

15 janvier. — Premières lettres de France !

16 janvier. — J'écris un article pour la *Liberté*, puis m'occupe d'organiser le départ.

17 janvier. — Course au clocher après les chevaux et les mulets, les ferrures et les harnais, etc. Il y a grève de chocolat, et j'apprécie fort le cadeau d'un gros épicier, parent du général Delarey, qui refuse absolument de m'en laisser payer une livre dénichée sous les fagots. Je fais la rencontre de M. Lynch, qui m'est envoyé par le colonel Monteil. Il est trop tard pour le train et nous remettons à demain notre départ.

18 janvier. — Notre départ pour Bloemfontein se fait dans d'excellentes conditions ; nos mules sont harnachées de neuf ; notre sellerie et nos chaussures ont été habilement réparées ;

nous avons cinq boys, notre wagon est soigneusement aménagé. Il faut calculer un après-midi pour un bon arrimage et la mise en ordre d'objets si divers par degré d'urgence, classification rationnelle et hiérarchie de poids. Hier, j'ai pu pousser jusqu'aux Pères de la Mission et me suis fait ouvrir un instant l'église par une sœur, qui s'est montrée accueillante et bonne comme toujours.

A Elandsfontein, Dupont, venu avec Sauvier, m'apporte quatre caisses pleines de choses succulentes : dinde truffée, vins, liqueurs, fruits de toutes sortes, conserves fines. Nous voilà pourvus pour la route. Le temps aussi se prépare bien : il nous donne sa dernière averse, et le soleil commence son grand nettoyage.

Après un lunch, nous causons par une température délicieuse, rassurés sur nos animaux, l'esprit en repos pour nos préparatifs, contents de nous sentir emportés vers ce nouveau théâtre de guerre où de graves événements s'annoncent, le cœur en joie parce que tout se présente bien et que nous nous sentons lestés pour marcher loin.

Il y a une compagnie de cyclistes distribuée entre les généraux. Le capitaine Théron, qui les a formés, vient me serrer la main, il porte une tenue verte passe-poilée de jaune. Il se rend comme nous au Free State. A Ladysmith où fonctionnait partout le télégraphe, je n'avais pas remarqué ces cyclistes ; mais, lors de l'invasion du Natal, ils ont fait brillamment leur service d'estafette.

19 janvier. — Le Vaal coule dans une plaine, à fleur de terre, son cours masqué au loin par quelques bouquets d'arbres. Il se fait parallèle à la voie presque aussitôt qu'on l'a traversée. Le train s'arrête pour la nuit à Viljoins'drift, la douane de Free State. On repart à cinq heures. Le voyage continue, monotone, dans une plaine verte, qu'aucune montagne ne limite à l'horizon et qu'animent parfois de grands troupeaux. De tous côtés, des cultures de maïs ; l'aspect général trahit bien plus qu'au Transvaal la civilisation.

Kroonstadt, petite ville entre de petits arbres, avec de l'eau. Le terrain, crayeux, forme de petites kopjes ; dans ce pays plat ce serait une position militaire.

Puis, nous apercevons quelques bois de mimosas, une belle ferme enfouie sous les saules, près de la voie, des cultures qui interrompent heureusement la monotonie des herbages. Le train n'effraie pas les troupeaux. Un « secrétaire » se dandine gravement, en chassant d'un air attentif les serpents, sans prendre garde à notre noir convoi. De temps à autre des kopjes isolées et légèrement boisées émergent de la plaine, à l'est généralement. Cette prairie est le terrain d'élevage des chevaux boers les plus élégants.

Rencontré à Brandfort le P. Guillet, de Meslay (Mayenne), qui me raconte qu'il est ici depuis quatorze ans et me dit son enthousiasme pour les Boers.

Arrivée à Bloemfontein à six heures et demie ;
la nuit tombe ; le débarquement dans une
demi-obscurité. A neuf heures, nous sommes
à l'hôtel. Impossible d'y trouver à dîner. Nous
tirons la dinde truffée de Dupont et une bouteille 1881, des pêches et des poires, et dînons
dans notre chambre, comme des gens qui
réveillonnent.

XV

20 janvier. — Elle est jolie, Bloemfontein, au matin, avec son marché couvert, très animé, sur la place centrale, ses voitures à bœufs disposées en longues rangées, leurs attelages couchés, ses magasins ouverts, aux stores baissés en auvent sur les glaces brillantes des étalages, ses arbres qui pointent de partout et se marient avec les toits rouges. La couleur des constructions est généralement claire, dans des tons agréables. La couleur de brique recuite des monuments de Preto ia est corrigée ici par des pavillons de nuance blanche, des coupoles claires et surtout par un cadre de verdure, des entours de jardins, des massifs où abondent surtout l'eucalyptus et des variétés échevelées et retombantes de cyprès et de pins argentés. Les édifices aussi sont variés de forme comme de couleur, comme de style, mais toujours d'une élégance sobre et légère, infiniment plaisante à côté des sévérités lourdes de Pretoria. Le temple est adossé à une colline boisée : deux flèches blanches se projettent sur la masse sombre du mont et encadrent une église simple et harmonieuse. Une grande percée lui sert d'avenue et se termine par un monument aux morts de l'Indépendance ; elle va se relevant en une courbe heureuse, qui allonge la perspective et donne une importance à cette œuvre commémorative très simple.

Nous entrons dans le marché, on s'y presse, les denrées s'enlèvent vite ; le temps d'en faire le tour, les gigots d'agneau que nous guignions ont été emportés. On vend sur des étalages très propres, bien rangés par tas ou par paquets, carottes, navets, haricots, pommes de terre, tomates, maïs vert, oignons, pêches, poires et aussi du lait caillé, de jolies mottes de beurre enveloppées de linge fin. Nous achetons des légumes, des œufs, du beurre, puis nous entrons chez un boucher, où nous prenons un gigot et de la viande pour nos Cafres.

Cela fait, nous allons au Gouvernement, où nous exprimons notre désir d'obtenir un trolley pour porter notre fourrage jusqu'à la Modder River. On en envoie chercher un, et bientôt nous le voyons arriver tout chargé afin que nous puissions, sans retard, nous mettre en route. Il faut, en effet, que nous soyons demain soir au camp du général Cronje.

Bloemfontein paraît aussi calme que si la guerre n'était pas déclarée. Les ressources y sont moins épuisées qu'à Pretoria; c'est ainsi que nous y trouvons du chocolat.

J'ai le regret d'apprendre que le président Steijn se trouve à Ladysmith. Je vois un Allemand attaché, comme capitaine, à l'artillerie du Free State; il est depuis vingt-quatre ans dans l'Afrique du Sud, a servi chez les

Anglais lors de la guerre contre les Zoulous ¿ était l'intime du général Buller.

Ici, la proximité des Anglais se fait sentir; il reste encore pas mal d'Anglais, même dans la Compagnie de chemins de fer, qui appartient à l'État. La façon dont ils concilient les exigences de leur service avec celles de leur patriotisme pourrait faire l'objet d'une curieuse étude sur l'intérêt égoïste qui peut dominer dans un cœur ⌐nglais.

La rou·e es sablonne⌐se, le sol infertile ne produit guère que l'herbe des terrains marécageux Bientôt la plaine est coupée de petits kopjes à forme arrêtée. La nuit vient, nous suivons le chemin sans le voir; le boy du trolley chargé de fourrage a dételé deux de ses mules pour les ajouter au wagon qu'il conduit. Il a son idée : c'est de nous mener à une ferme-hôtel pourvue d'une écurie pour les chevaux. La nuit s'est faite si sombre, et la route est si sablonneuse que nous marchons au pas. Nous croisons des wagons à bœufs que nous devinons plutôt que nous ne les vovons. Enfin, une lumière brille ; nous la prenons comme point de direction ; elle nous mène à une maison où nous nous arrêtons ; mon opinion est qu'il faudrait y camper, mais le boy de Bloemfontein tient à son écuri· : il est déjà reparti.

Mon inquiétude s'accroît. Léon avoue n'y rien voir, mais s'en remet au boy. Nous avons parfois l'illusion de lumières, qui s'évanouissent ensuite comme des feux-follets. Enfin, nous tenons la bonne route ; il est neuf heures et demie, les boys à pied poussent le wagon vers une maison, celui de tête se trompe, et le wagon trébuche sur un ressaut, penche et s'abat avec une grande plainte de vaisselle et de bouteilles. Nous avons une minute de stupeur ; Léon saute à bas de son cheval et va caresser avec une cravache de rhinocéros les reins de l'abruti, cause de l'écroulement. On dételle. Je connais la situation et puis donner les avis les plus pratiques. On décharge. Au fond du wagon, à la lueur d'une lanterne, le désastre apparaît à mesure qu'on retire les caisses éventrées : la dinde s'est plaquée dans les pêches, le café moulu s'est échappé de sa boîte et gît en intime camaraderie avec des biscuits, le gigot s'est réfugié sous ma cantine, et les carottes sont confondues avec les objets de pansage, les œufs ont combiné leur omelette avant l'heure et se sont blottis contre un rouleau de couvertures, l'eau des bidons éventrés coule sur cette horreur, et à chaque constatation une voix dit la navrante addition à la liste des pertes. Le plus important est le wagon, les organes essentiels semblent intacts à première vue, mais il faut le relever. Nous nous y mettons tous et réussissons ; seule une roue reste accrochée dans une ferrure de la volée ; à coups de marteau nous désorganisons la ferrure. Alors, nous rechargeons et nous nous retirons dans notre chambre. Il est près de onze heures, la dinde s'est avancée à ce point d'émotion qu'elle est immangeable.

Nous dînons d'une motte de beurre frais. Le coucher est triste, car nous ne découvrons que des sujets de lamentation dans les mélanges hybrides des caisses, dans les fruits trop mûrs, dans nos objets crevés. Nous dormons mal, et je passe mon temps à écouter sur la route passer les grands wagons à bœufs stimulés d'un cri sauvage ou enveloppés de la lanière sifflante.

21 *janvier*. — Nous sommes à la ferme Leenwlet, nous avons dormi la porte ouverte, mais le ciel est voilé, la lumière entre tard, nous ne sommes debout qu'à cinq heures. Il a été convenu que nous partirions à huit heures, que nous nous arrêterions dans une ferme à midi, que nous y ferions halte et que nous en repartirions à deux heures. Nous laisserons la route de Pétersburg et en suivrons une autre moins mauvaise. De toutes façons nous n'arriverons au laager que demain vers dix heures.

Départ à neuf heures et demie, route de sable très lourde. Nous marchons au pas; l'orage, qui va plus vite que nous, nous atteint vers midi.

N'ayant pas de manteau, je suis naturellement trempé ; la pluie, mêlée de grêlons, est si violente, qu'elle devient une souffrance pour la figure et une appréhension pour les yeux. Nous galopons ventre à terre, devançant nos équipages, et atteignons la ferme d'un Boer, qui nous reçoit avec la cordialité ordinaire et abrite nos chevaux. Sur ces entrefaites, les wagons arrivent, campent sur la route, et nous déjeunons d'un perdreau de conserve et de lait, dû à l'amabilité du Boer. Nous avons beaucoup de peine à repartir, le boy de Bloemfontein tient encore à son idée d'écurie ; il faut lui faire comprendre que nous camperons n'importe où, mais pas dans une écurie.

Nous laissons, avant de partir, les boys fumer leur pipe, ce qui est un exercice tout nouveau pour moi. Un petit trou pratiqué en terre reçoit le tabac assujetti sur une petite pierre. A l'aide d'une baguette on perce dans le sable ou dans la glaise un conduit d'un décimètre aboutissant à une ouverture qui servira pour l'aspiration. Ceci fait, on allume ;

celui qui se dévoue pour l'autre amorce, car la pipe peut servir à plusieurs, avale une gorgée d'eau èt, en se gargarisant bruyamment, aspire, s'emplit la bouche de fumée; il crache l'eau et tousse en suffoquant. On fume ensuite à grandes bouffées violentes qui provoquent une toux et un plaisir assez âcre pour le fumeur.

Nous avons campé près d'un laager à six heures et demie, après avoir, malgré le boy, dépassé Abraham's kraal, joli endroit peu sain, entouré d'eau, étangs et mares, et touchant à la Modder River. Tout est plein d'arbres même fruitiers, et les oiseaux d'eau volent de tous côtés.

En suivant nos mules qu'on dételle pour les faire boire, parce qu'il n'y aura pas d'eau au campement, nous nous trouvons en face du drift le plus poétique que j'aie vu ici : à droite, sous d'épais ombrages, s'en vient la rivière, qui passe une petite barre de rochers noirs ; à gauche, elle s'élargit entre de superbes saules et, malgré l'agitation d'hommes et d'animaux dont sont couvertes ses rives, dans son encaissement, elle garde une apparence de retraite mystérieuse, emplie d'oiseaux. En face, un troupeau de bœufs roux et noirs sort lentement de s'abreuver et remonte la berge. Des Boers nus se baignent avec des chevaux. L'un d'eux vient converser avec Léon, et j'admire, à sa gêne pudique, toute la supériorité du civilisé revêtu d'un costume sur celui qui en est dépourvu accidentellement, tant est tenace le préjugé.

Tandis qu'on dételle au gîte, je vais reconnaître l'eau ; il me part un lièvre et plusieurs pluviers.

A mon retour, je cause avec un Boer qui porte un nom français et avec qui je me lie. J'aide en hâte Léon à organiser le campement et me charge de la cuisine. Eh bien ! je dois reconnaître qu'en une heure et quart j'ai eu un gigot rôti à point avec des pommes château remarquables, plus des pommes au beurre un peu trop caramélisées, mais encore fort appétissantes. Ce repas complété par des fruits et un bol de lait-caillé suivi d'une tasse de thé nous a remis de notre fatigue, et nous nous sommes endormis sous notre petite tente entr'ouverte sur un coin d'étoiles.

XVI

22 janvier. — La journée s'annonce splendide. De la rive du fleuve les mimosas nous
envoient des effluves parfumés ; leur fleur très
grosse, telle un petit pompon espagnol, est
rarement groupée en boule comme au Natal,
mais se suit isolée au long des branches épineuses.

Tout à coup le driver s'élance comme un
fou dans la prairie, et nous apercevons une
énorme bande de korals (sorte de coq de
bruyère) s'enfuyant à toutes pattes vers le
fourré. Il y a aussi des lapins. Je galope pour
les voir de près. Le koral tient le milieu entre
la perdrix et la pintade, ne s'envole que lors-

qu'on arrive sur lui et se défend plutôt à la course comme le râle.

. La plaine est sablonneuse, non plus de ce sable rouge, argileux, collant aux roues, mais d'un sable blanc, léger, laissant filer nos wagons d'un bon train. Les arbres du fleuve jettent de la vie et nous envoient incessamment des vanneaux pressés qui passent comme de grandes hirondelles, en jetant un cri effaré. Une troupe d'autruches vient à nous en bataille, puis rompt en colonne, converse et s'éloigne toujours en manœuvrant. La plaine, couverte d'une plante dure qui rappelle le drinn du Sahara, est encombrée de troupeaux. Ces touffes la font verte, et son sol se prête à de bons galops. Nous marchons vers le drift qui nous permettra de passer la Modder et ensuite de gagner les camps. Nous déjeunons près d'une ferme, les animaux attachés, et nous allons tâcher d'arriver ce soir, ce qui n'est pas encore sûr.

La route se continue dans un de ces paysages d'Algérie, dont j'ai toujours plein les yeux.

de ce Sud-Algérien qu'on aime malgré son sable, son aridité, parfois sa dévastation, en raison de ses espaces illimités, du sentiment d'infini qui s'en dégage. Ici, même sable, pourvu d'une végétation assez ligneuse, mêmes touffes de drinn, mêmes nuées de sauterelles, qui vous cinglent parfois le visage. Au loin quelques kopjes noirs, qui bornent par place l'horizon. Mêmes effets saisissants de mirage.

23 janvier. — Le paysage du Sud-Algérien va multipliant les ressemblances. Après le sable, le reg avec le guétaf, l'herbe des chameaux, des arbustes aux feuilles épineuses comme le désert seul en produit, pour les protéger contre les dents avides qu'ils excitent trop ; puis, voici des chotts sans eau naturellement ; le sol blanchit et, par places, une petite ferme apparaît entre les petits arbres, plantée comme une oasis au désert. Il y a l'eau, qui, sortant d'un puits et amenée par des saignées, se déverse dans des jardins et des champs de maïs ; mais il y manque ce joli tableau, que l'on voit dans le Mzab, du puits et de l'âne avec le déclic automatique qui renverse le seau puisé. Parfois, l'eau qui séjourne en nappe proche du sol fait pousser toutes sortes d'arbres fruitiers. Ainsi, dans la ferme où nous échouons pour déjeuner, après nous être trompés de route, se trouve un jardin où viennent, comme dans un Paradou, la vigne, les pêchers, les figuiers de Barbarie et les autres, et je ne sais quelles herbes que fument les Cafres.

Nous sommes sur la route de Jacobsdal. Après avoir déjeuné avec des œufs et du lait, nous partons, nos chevaux refaits par trois ou quatre gerbes de blé. Le wagon et le cart suivent tant bien que mal, plutôt mal. Nous apprenons que nous nous sommes trompés de nouveau et que nous en avons encore pour deux heures avant le camp de Cronje. Nous savons ce que le temps et les distances signifient en ce pays. La veille, exténués, mais voulant pousser le plus près possible du camp, nous demandons à une ferme s'il y en a, dans les environs, une autre pour nous permettre de marcher juste une heure encore. On nous montre un kopje en pain de sucre en nous faisant ce signe plongeant de la main qui vous indique l'objet derrière l'obstacle aperçu, et l'on nous dit : *Dâr !* Mais, après le kopje, il y en a d'autres, toujours un nouveau rideau et aucune ferme. J'aurais envoyé le *Dâr* au diable. Impossible d'arrêter faute d'eau et de crainte que les mules ne puissent aller plus loin. Enfin, après deux heures et demie d'une attente harassante, nous aboutissons à la ferme qu'on disait tout près. Cette fois les explications sont plus nettes. Cependant c'est un peu au hasard que nous arrivons à un laager de wagons, où je bois sans plaisir du café noir sans sucre et où l'on nous renseigne sur la vraie position du camp de Cronje. Enfin, nous l'atteignons et y sommes admirablement reçus par le général.

Pas grand, mais bâti d'aplomb, la tête énergique et bienveillante, le regard droit, la phy-
sionomie ouverte, l'air heureux de quelqu'un
qui se sent dans son élément : tel est le général Cronje. Durant la paix, on le voyait, plutôt courbé, cheminer avec une canne, l'air
vieux et fatigué. Depuis la guerre il s'est re-
dressé. Son activité est extraordinaire. Chaque
jour il visite ses positions, réprimandant les
fautes, rectifiant les erreurs, très sévère ou
mieux très exact.

Par son ordre, les tranchées sont recou-
vertes de branchages et d'herbages pour être
dissimulées, les tentes sont défendues. On
bivouaque sous des huttes, les hommes toujours sur la position de combat, la nuit veil-
lant par moitié et, à trois heures du matin,
tous debout.

Le règlement est d'une extrême sévérité ; on
vient nous dire, à neuf heures, de souffler notre
lumière, tandis que nous bavardons encore
devant notre gigot. J'ai causé avec le général
qui, comme ses camarades, rapporte à Dieu

tout ce qu'il exécute ou conçoit. Cela ne l'empêche pas de m'expliquer sa manière de tenir les positions si étendues qu'il occupe avec 4 à 5.ooo Boers. Il place à ses ailes 5oo hommes de ses meilleurs sous des chefs de choix parce que ce sont les points dangereux ; il appuie ces ailes du mieux qu'il peut et se place au centre avec une plus grosse réserve pour parer aux éventualités. Avec ses adjudants qu'il fait galoper sur la ligne, il pourvoit à tout. Son coup d'œil suffit à le guider sur une action aussi étendue ; ses adjudants, au courant de ses intentions, le suppléent.

C'est un principe du général Cronje de faire tirer à mort et non à la volée, chaque coup devant jeter son homme par terre, ce qui produit très vite un intense saisissement moral.

Notre installation finie à la nuit et bien facilitée par la complaisance de tous, nous nous préparons à visiter le lendemain avec le général la position de la Modder River.

24 *janvier*. — (Camp de la Modder River, quartier général du général Cronje.)

Nous étions hier vers quatre heures en vue ducamp du général Cronje, mais il faut arriver sur le laager pour l'apercevoir, et cela de quelque côté qu'on y pénètre. Il forme un vaste rectangle de wagons et de tentes, avec seulement quelques services dans l'intérieur et le général près de l'angle formé par la face avant et la face droite. Nous galopons vers sa tente, et nous nous présentons à lui. Il est là avec Mme Cronje, une autre femme et quelques Boers. Son accueil est on ne peut plus cordial, il se montre affectueux et causeur ; je ne reconnais point en lui le chef sévère et taciturne que l'on m'avait dépeint. En moins grand, surtout assis comme nous le voyons, il rappelle de figure le général Lucas Meyer.

Il nous raconte que les Anglais sont en sommeil, qu'ils ne se réveillent que pour envoyer quelques volées d'obus, qui n'ont jamais fait de mal à personne. Il a demandé un 155 afin de les émoustiller sur leurs derrières. Il nous donne rendez-vous pour le lendemain à l'aube, afin de visiter les positions. Il nous apprend en même temps qu'on se bat depuis trois jours à Colenso, mais que les Anglais semblent avoir perdu tout espoir de passer.

Après avoir pris le café, nous quittons le général, qui, s'il ne livre pas ses projets, se montre affable, maître de son sujet, bienveillant et d'une rondeur toute militaire avec un air d'autorité très empoignant. Il nous donne tout ce qui est nécessaire, la meilleure place pour notre équipage, immédiatement dans son voisinage, et nous nous hâtons de procéder à notre installation. Pendant ce temps le correspondant du *Standard* de Johannesburg vient causer avec moi ainsi que le comte de Sternberg, grand seigneur autrichien, très sympathique, arrivé par le *Kœnig* comme Galopaud et qui, de Pretoria, est venu de suite ici où il se plaint qu'on ne fasse rien. Il envie ceux de Colenso.

Hélas! j'ai envié de là ceux de la Modder River. C'est l'affaire des Anglais de nous rendre aux activités bienfaisantes, puisque entre Boers nous professons l'amour des positions comme du temps de Montecuculli avec cette différence qu'il en changeait parfois et que nous semblons devoir y demeurer jusqu'à extinction. On me parle bien d'une marche par Jacobsdal, qui placerait les Anglais sur nos derrières en les dérobant à notre action. Mais le moyen pour eux de quitter le chemin de fer d'où leur vient tout le bien ? Les Boers connaissent cette incapacité de leurs adversaires, ils la plaisantent et en jouissent avec une certaine béatitude.

On ne comprendra jamais cette guerre, sa durée et les invraisemblables succès de cette défensive passive, si l'on se représente l'armée anglaise comme une armée européenne. C'est une armée sans ressort, sans idées, sans tactique et sans moral (je parle de la troupe) qui finit par camper immobile face aux Boers, parce qu'elle n'a ni assez de valeur pour faire quelque chose, ni assez d'endurance pour abandonner pendant trois iours ses habitudes de confort. C'est à merveille de démilitariser une nation en y rabaissant jusqu'au dernier échelon la fonction militaire ; mais alors, puisque l'empire, en ce monde, se garde par la force, que ceux qui abdiquent l'une cessent de prétendre à l'autre, qu'ils descendent en sous-ordre ; le bluff n'y suffit plus, et il y aurait gros à parier, si l'expérience était poussée jusqu'au bout en ses dernières conséquences, qu'on découvrirait une fissure à cette fameuse marine anglaise, car, lorsque chez une nation l'esprit militaire est descendu à un tel point de décadence, il serait étonnant que l'isolement de la vie à bord puisse avoir cette force de garder l'âme des marins de la Grande-Bretagne de tout contact et de tout rapport avec l'âme anglaise.

XVII

Ce matin j'avais fini par m'endormir après d'énervants et infructueux essais par suite de l'état fiévreux que la chaleur me communique depuis deux jours, lorsqu'on vint nous prévenir que dans cinq minutes le général monterait à cheval. Maïs aux chevaux, coco et thé hâtifs, toilette rapide, et nous voilà en selle. Nous trouvons le général prêt à en faire autant, mais il lui est survenu une affaire et, comme il n'aurait pas le temps de nous conduire sur toutes les positions qui sont très vastes, il nous délègue son adjudant, à ses ordres depuis vingt ans et connaissant les lieux comme lui. C'est un petit Boer tout gris, sur une petite jument baie qu'il manœuvre comme

une vieille camarade en la ménageant et qui
ne connaît que le galop cadencé et une espèce
de pas trottinant comme jadis nos bidets d'allure. Il a pour compagnon un grand Boer,
beau garçon, parlant bien l'anglais, un des
aides de camp du général et monté sur un superbe cheval gris de haute taille et d'instinct
un peu cabochard. Nous partons vers les Anglais.

Après avoir passé à gué la Modder River,
nous nous élevons dans une plaine assez herbeuse (l'herbe du reg) et bientôt nous y prenons quelques distractions. Beaucoup de gens
de ma connaissance, fervents de Saint-Hubert,
ne s'y seraient pas non plus ennuyés et je doute
qu'ils eussent échappé à la tentation de risquer
quelques coups de fusil, malgré les ordres du
général Cronje et les punitions qui en sont la
sanction : tout coup de feu tiré hors du service vaut à son auteur trois heures sur un
canon ou six heures de travail aux tranchées,
ou cinq livres d'amende. Donc, de tous côtés,
il partait des perdrix couplées ou en com-

pagnie, des lièvres, des lapins, d'autant plus excitants qu'ils étaient superbes à tirer. Mais la tentation devint surtout lancinante devant le défilé d'une soixantaine de steambocks d'un pelage blanchâtre comme des gazelles, qui firent front et se massèrent devant nous à 3oo mètres. Boer ou non, il eût été difficile à un homme de ne pas toucher cette cible. Comme nous nous abstînmes, les gentils animaux poursuivirent leurs légères évolutions, rompant ou se reformant, tantôt déroulant leur chaîne bondissante, tantôt tombés en arrêt, massés, la tête au vent.

Cependant nous parcourions cette plaine, désormais historique, de Maggersfontein et, d'un kopje où notre artillerie de gauche avait été poussée, nous pûmes examiner à loisir les positions anglaises. Entre la Modder et le Rier, elles sont ce qu'elles peuvent être, ouvertes par brigades, aussi proches de l'eau que possible, avec la station du railway en arrière de leur gauche et bien à portée. Quelques installations de tentes sous les arbres, au hasar des habitations, figurent évidemment des services et des quartiers généraux. Toutefois, au loin, plaquées contre une chaîne de kopjes, les tentes d'un bataillon détaché vers Jacobsdaal semblent si écartées du gros qu'elles tenteraient des chefs moins ménagers de leurs hommes que ne sont les généraux boers. Nous avançons encore, gagnons un kopje plus rapproché, nous nous emplissons les yeux de la vue des tentes anglaises, de leurs enfantines fortifications en moellons, puis tournons bride et revenons vers la Modder River.

La rivière passée, non sans avoir examiné l'endroit, nous arrivons à la gauche des positions de Cronje. La ligne, habilement choisie, partie naturelle, partie artificielle, barre complètement la route de Kimberley, mais reste exposée sur ses ailes et même, pour ce pays, est d'une étendue trop disproportionnée avec l'effectif. Elle s'appuie d'une part à la Modder, de l'autre aux derniers kopjes qui ferment la

plaine de Kimberley à l'ouest du chemin de
1er. C'est le commandant Cronje, frère du général, qui a l'honneur de ce dernier poste, le
plus difficile. Le danger d'être tourné par Jacobsdaal, avec une marche qui, en deux jours,
porterait les Anglais sur la Modder et ses derrières fait sourire le·général. Il connaît ses
Anglais depuis vingt ans qu'il les combat, les
sait incapables de se passer une heure seulement de la voie ferrée, qui leur apporte leurs
incessants ravitaillements et n'a, par consé-
quent, aucune crainte pour sa gauche. Su-
vant lui, s'ils lui envoyaient un parti de cavaliers, ce serait les lui livrer, car ils seraient in-
failliblement pris; s'ils venaient, au contraire,
en force, leur mouvement se heurterait à de
telles difficultés d'approvisionnement qu'ils ne
le pousseraient pas au delà d'une marche.

De la Modder, vers l'éperon qui peut être
considéré comme la clé de la position et
forme l'angle des deux lignes perpendicu-
laires de kopjes exhaussés sur la plaine, part
une longue suite de tranchées habilement dis-

simulées sous des branchages et pourvues d'un champ de tir important. La nuit, les hommes veillent par moitié. Il leur est défendu d'user des tentes, car elles signaleraient les tranchées; ils bivouaquent sous des huttes de feuillages qui, de loin, se confondent avec le sol.

Un grand trou a été laissé dans cette fortification aux environs des kopjes. Cette ouverture n'est qu'une feinte dont le succès fut éclatant à Maggersfontein. Le général Cronje se trouvait ce jour-là (11 décembre), avant l'aube, sur un kopje de la trouée qui traverse la chaîne. Il avait sept hommes avec lui. En avant, les Boers tenaient les premières hauteurs.

Désireux de les y envelopper, les Anglais s'étaient avancés la nuit en sorte qu'ils espéraient atteindre la trouée avant le jour et contourner les kopjes. Ils n'avaient pas été aperçus par les Boers et faillirent aussi échapper à l'escorte du général qui, dans l'obscurité, les prenait pour des nôtres. Cependant les casques trahirent le mouvement. Aussitôt

Cronje ordonna à son escorte d'ouvrir le feu et, pour chaque coup, d'abattre un homme. La précision devint, en effet, effrayante. Le tir de ces sept hommes semblait leur donner une valeur numérique imposante. Les Anglais tombèrent les uns sur les autres avant qu'ils eussent pu se former; surpris, ils se jugèrent découverts et rebroussèrent chemin. Bientôt recueillis par les Boers qui les avaient laissés passer, ils précipitèrent leur retraite, et, malgré l'espace ouvert devant eux que ne défendait alors aucune tranchée, ils n'osèrent passer de la journée.

En arrière des tranchées que nous visitons, le terrain se relève et forme une position d'artillerie qui répond à celle, très belle, qu'occupent les Anglais. Il existe tout un cimetière entre ces deux exhaussements du sol de terre rouge fraîchement-remuée, des tumuli hâtifs orientés diversement. Des débris de chevaux, des roues d'affût qui portent la trace des obus, des mimosas hachés, disent toute l'histoire du grand choc d'hier.

Sur l'éperon, nous visitons la pièce, et l'officier allemand très aimable qui la sert avec dévouement, M. de Heitz, ne veut pas nous laisser partir sans faire brèche à ses pauvres provisions en nous offrant un thé très confortable.

Au camp, qui a la responsabilité des canons, nous trouvons le vieux commandant de Potchefstroem avec ses six fils. Le septième est encore retenu par ses blessures. Le commandant a eu la cuisse traversée à Mafeking, et, dès qu'il l'a pu, il a rejoint ses Boers. Sans pouvoir encore monter à cheval, il les gouverne et les suivrait à pied sur le kopje prochain. C'est le Boer antique et austère, rigide en ses muscles comme en ses principes, d'une foi et d'une endurance sans pareilles. Comme les forts, il est bon. Il se montre pour nous plein d'attentions. Il est fier de ses 3.000 hommes, les meilleurs de la division Cronje, placés en sorte qu'ils en encadrent d'autres moins aguerris, moins éprouvés.

Après une visite au commandant Cronje,

d'une belle attitude militaire comme son frère, nous rentrons au galop et il nous faut presque deux heures pour franchir ainsi l'étendue des positions de la Modder.

XVIII

En route vers Kimberley.

25 janvier 1900. — Nous partons de bonne
heure pour Kimberley, après avoir salué le
général. Il s'agit de faire le tour de la ville as-
siégée et de trouver une position suffisamment
rapprochée pour y installer le long-tom et
utiliser ses effets saisissants contre une ville
qu'on sait à bout. Les Cafres, qu'on repousse
en menaçant de tirer dessus, annoncent que
les femmes et les enfants sont parfois piétinés
dans les distributions. Il y a encore de la farine et du maïs, le reste manque ou est sur le
point de manquer.

Nous partons avec un Boer et trottons grand

train. Le noir de Léon en perd son sac à eau, toute notre provision. La pluie d'hier a rendu le sol vaseux ; sur les couches argileuses, mon cheval patine et le soleil chauffe avec des intentions d'orage ; mais nous finissons par prendre une belle route construite par les Anglais et qui, en longeant d'assez près le chemin de fer, conduit à Kimberley.

Nous nous arrêtons près d'un tuyau qui verse une eau claire et forme une petite nappe où s'abreuvent nos chevaux. Je me mets à plat ventre et bois au tuyau. Un peu de chocolat et de biscuit et puis du galop et encore du galop. Cette fois nous atteignons une ferme entourée d'arbres. Nous nous informons et passons. Nous traversons une belle position de kopjes noirs, qui permettrait encore à Cronje d'arrêter le secours des Anglais devant Kimberley. Enfin nous atteignons un long bâtiment où, dans une sorte de pressoir, portes ouvertes, sont installés des Boers.

Nous prenons un artilleur, qui veut nous montrer son petit krupp de montagne et gravissons la montée en pente douce qui se relève vers Kimberley. A hauteur des tranchées qui marquent la position des Boers, nous voyons la ville, les puits de mine, le fort circulaire sur un kopje dominant la ville, une série de hauteurs à gauche, qui ne sont pas occupées et dont on pourrait faire quelque chose pour l'attaque. Au moment où nous revenons, le commandant nous accoste et nous conduit dans une maison pour nous y offrir des pastèques. Je bois à un seau, ayant pris sous ce rapport l'habitude des chevaux. Nous filons ensuite sur le laager du général Ferreira, élu depuis quinze jours commandant en chef des troupes du Free State (comme Joubert pour le Transvaal). C'est long ; toujours des « Dâr » avec des plongements de main par-dessus le kopje qu'on semble mettre dans sa poche, augmentés d'un faufilement de pénétration entre ces terribles kopjes, comme on introduirait une cuiller sous la carapace d'une langouste. Ces faufilements de ma main sont ma terreur après le « Dâr », parce qu'alors on contourne tant de choses de tant de formes qu'on n'arrive jamais. Toujours est-il qu'après le « Dar » il faut marcher dare-dare, car on est sûr que ce geste aimable vous rejette indéfiniment au lointain des routes. Nous trottons sans espoir, mais non sans entrain ; mon pauvre Colenso s'étourdit visiblement. Enfin, dans un enchevêtrement de kopjes noirs, après avoir longé Kimberley longtemps sans rencontrer un laager ni un Boer, nous tombons sur des wagons annonciateurs et bientôt nous sommes à l'habitation où campe le général Ferreira. Il nous reçoit d'abord comme les gens qu'on envoie à l'office et, malgré la lettre du général Joubert que lui tend Léon, il nous plante là, dans l'antichambre, où, notre dignité nous défendant de séjourner, nous prenons le parti de faire seller pour partir aussitôt. Tandis que nous harnachons, un orage éclate sur nos têtes et nous force, quelque dignité que nous y mettions, à nous réfugier dans l'écurie du général. Celui-ci, pendant que je continue à m'abreuver à une gouttière de la façon la plus animale, nous aborde, nous invite, nous déclare qu'il nous faut au moins six heures pour atteindre le laager du commandant du Toit, le seul où nous puissions coucher, finit, devant notre volonté persistante de partir, par s'excuser, disant qu'il n'avait pas lu la lettre du général Joubert, mais simplement une note du général Cronje, remise en même temps et qui parlait de quatre prisonniers à envoyer, ce qui l'avait laissé indifférent, si même il n'en était résulté une confusion.

Nous acceptons alors son hospitalité, et je dois dire que le général et son état-major se multiplient pour nous faire oublier à force de gracieusetés le fâcheux souvenir du premier accueil.

26 *janvier*. — Nous avons eu, hier soir, la confirmation du grand succès de Colenso : les Anglais définitivement repoussés, 1.200 d'entre eux tués ou blessés, 170 prisonniers ; trois

jours de combat sur la Tugela et la trouée à la droite des positions de Colenso ; les pertes des Boers seulement de 100 tués ou blessés. Nous couchons tous dans la même pièce ; le général a un ronflement d'orgue. Après avoir cru au canon, je me plais à l'écouter remuer en ondes sonores notre plafond en tin. Nous sommes très bien installés avec cette hospitalité touchante dont on a le secret en pays boer.

Au lever à l'aube, je découvre Sternberg enseveli sous des couvertures ; il est arrivé à une heure du matin.

Il part avec nous sous une escorte de Boers. L'adjudant du général nous accompagne et nous fait visiter les laagers. Tandis que nous exécutons notre course autour de Kimberley, sur notre passage, des steam-bocks et des korals (sorte de coq de bruyère) s'envolent avec de longs cris. A un moment, l'adjudant dit au field-cornet chef de l'escorte de tirer un bock ; le field-cornet met pied à terre, ajuste et couche l'animal raide ; on le charge sur le cheval d'un noir.

Nous dînons chez le général du Toit, installé dans l'usine des pompes à vapeur qui amènent l'eau à Kimberley.

Avec le succès décisif de Colenso, nous apprenons une victoire à Colesberg. Ces Anglais sont d'incorrigibles plastrons. Décidément ils sont f...!

Après un assez long arrêt chez le général du Toit, nous visitons des positions. A la mine Kampfersdam se trouve un canon insignifiant ; ce serait une position superbe pour le long-tom. En face, une ride de terrain qui supporte ce qu'on est convenu d'appeler un fort anglais. De l'autre côté, une autre déclivité probablement et puis Kimberley, qu'on aperçoit en long avec ses puits de mine, sa forteresse de la *blue yellow ground*, ses édifices et ses zincs. Le plan : se rendre maître de cette ride où les Anglais ont glissé un fortin dont quelques coups auront raison, y placer d'abord les Boers derrière des tranchées, puis y amener le long-tom qui battra la ville d'enfilade. Le temps : huit jours au plus.

12

Le général du Toit (élégant, mince, jeune, avec une barbe noire, très riche, membre du Volksraad) est averti de notre retour et nous gagnons un autre laager commandé par le général Kolbe, du Free State, en longeant beaucoup de tranchées qui, du côté sud-ouest, donnent un peu une apparence de siège à cette fantaisie de Kimberley. Le général est là avec ses cinq frères, de beaux hommes; il est petit, mais leste et nerveux; sautant d'un bond de cheval à terre, et mettant en joue, franchissant un cheval sans le toucher; il est très bon, très affable, très aimé, ce qui ne l'empêche pas d'être très soldat et fanatique de son métier. Il s'est beaucoup trop reculé de crainte d'être coupé, ou plutôt faute d'eau. Une conséquence du choix qu'il a fait d'une position lointaine est que son canon de campagne, même tirant à toute volée, reste absolument inutile. Il l'a superbement fortifié sur un emplacement masqué d'abattis, où il le déplace à volonté pour tromper l'ennemi. Les tranchées d'infanterie, très sérieusement organisées, très étendues et très bien gardées, prouvent sa sollicitude éclairée. Mais mon étonnement a été grand de voir avec quel soin minutieux il avait paré aux échelonnements en retraite, si ce mouvement venait à s'imposer et combien son étude du terrain était judicieuse.

A voir avec quelle joie ce général me faisait visiter ses emplacements de défense et m'initiait à ses combinaisons, je me suis dit que j'avais devant moi un de ces convaincus du devoir militaire qui font honneur à une armée.

Le dîner du général, sous sa tonnelle d e zinc installée en observatoire entre les blocs d'un kopje, m'a laissé surtout un souvenir de son amabilité.

Nous couchâmes ensuite tous les trois avec lui sous sa tente dans une promiscuité de couvertures qui amenait chacun à en tirer instinctivement le plus gros morceau pour la partie du corps qui pouvait se l'approprier, quitte à sacrifier le reste. Dans sa bonté, le général nous donnait à chaque instant des fruits, des pêches, surtout, qu'il jugeait que nous préférions. Mais certainement on en avait oublié quelques noyaux sous mes omoplates et mes autres proéminences de soutènement, car véritablement les changements de position me furent aussi pénibles que difficiles à conserver.

XIX

Autour de Kimberley.

27 janvier 1900. — Nous avions visité avant-hier et hier les environs de Kimberley et des positions invraisemblablement étendues des Boers. Arrivés par Alexandersfontein, où se trouve une pièce de montagne à distance illusoire, nous avons rallié Olifantsfontein, quartier général du hoo'-commandant Ferreira, dans une ferme appartenant à la De Beers, hors du rayon d'investissement. Nous avons le lendemain coupé à travers la plaine de Kimberley, très en vue de la place, et n'avons reconnu avec intérêt qu'une hauteur, au sud-est de Dron-field station, présentant de très belles

vues, mais à une distance trop éloignée
(9.000 mètres).

Ce n'est qu'à la mine Kampfersdam, où un
de nos canons se trouve en situation inutile,
vu sa qualité et son espèce, que nous trouvons
la position rêvée. Il s'agit d'y fixer une plate-
forme d'autant mieux consolidée que le sol est
artificiel. En face se trouve un rideau de
terrain supportant un ouvrage anglais à
1.800 mètres. En quelques coups on en aura
raison, et on prendra sa place. De là, on ou-
vrira un tir en enfilade sur la ville et, en particulier, sur le quartier riche, où tous les
coups porteront. Il faudra, bien entendu, que
les Boers appuient le mouvement en avant
en organisant et occupant les positions à mesure qu'on les en conquerra. Mais leur besogne
sera vraiment bien facilitée par le 155, qui
de Kampfersdam commencera par mettre à
néant le plus en vue des ouvrages anglais,
celui d'Ottoskopj-mine.

La mine Kampfersdam est en avant de l'établissement à vapeur destiné à l'alimentation

en eau de Kimberley. C'est un très bel ouvrage des ingénieurs anglais, où campe le général du Toit.

De notre gîte au laager du général Kolbe nous partons, au matin, avec le général, qui nous conduit, de l'autre côté du chemin de fer, à une jolie habitation entourée de grands orangers et d'un confortable peu ordinaire : Scotchfarm. Un gentil baby de cinq ans, cheveux blonds dans le dos, de jolis yeux rieurs de petite fille cependant prudente, d'une élégance rose et blanche, accourt et saute au cou du général. C'est sa fille. Peu après nous sommes présentés à Mme Kolbe et, tandis que nous déjeunons dans une spacieuse salle à manger, nous saluons successivement la mère de Mme Kolbe (Mme Pretorius) et sa sœur. La jeune femme ne ressemble en rien à la jeune fille. Grande. brune, d'un charme un peu plantureux, c'est une belle personne très agréable, qui veille sur nos assiettes avec de délicates prévoyances de maîtresse de maison. La sœur arrive un peu surprise de l'invasion,

les yeux noirs profonds sous la vaste capeline
boer si enjolivée de volants et pourtant si pratique. Elle s'en débarrasse et apparaît très jeune
avec une profusion soyeuse de cheveux blonds,
la pâleur et la finesse des traits d'une image
de vitrail, gracieuse et légère en ses mouvements, d'un art très achevé en sa simplicité.
Leur mère garde en son air et son costume la
sévérité des veuves de ce pays. Jeune encore,
d'une grande distinction native, sa figure régulière rappelle sous ses bandeaux plats certains de ces portraits du temps de Catherine
de Médicis, où la volonté luttait sur un visage
avec la beauté jusqu'à y usurper. D'elle à ses
filles il y a déjà toute une époque. Que sera-ce
pour le joli baby blond et rose du général, qui
sera une grosse héritière dans cette Afrique du
Sud lancée à toute vapeur vers notre extrême
civilisation d'Europe ?

J'avoue au général qu'en ce cadre frais et
confortable il me paraît moins à sa place
qu'entre les pierres noires de son kopje. Mais
nous-mêmes, bronzés, insuffisamment lavés,

dans nos flanelles douteuses, n'y figurons-nous
pas comme le général ? En tout cas, je ne me
pardonne pas de l'avoir privé par notre venue
d'une nuit sous ce toit familial, où l'atten-
daient les siens, venus seulement pour quelques
jours de Bloemfontein. Sa bonne grâce ne
m'avait pas permis de le soupçonner jusque-là
un instant. De Scotchfarm, nous sommes ren-
trés au camp de Cronje, où nous n'avons trouvé
ni mules ni boys. Toutes les constatations
que je fais sur ces noirs sont également déso-
lantes. Le soir, nous avons bu un fameux bour-
gogne de Dupont avec Sternberg, bon garçon
et charmant causeur, et mangé une gigue de la
gazelle tuée par le field-cornet: elle se ressen-
tait d'avoir été trimballée deux jours en selle.

28 janvier. — Dimanche, repos. Je reçois
une dépêche de MM. de Bréda et de Charette,
qui sont arrivés par la *Gironde* et me deman-
dent où il serait préférable, pour eux, d'aller.

Sternberg déclare que tous les Français sont nés cuisiniers.

Il est arrivé sept ou huit Français, officiers ou sous-officiers. On les fait venir avec le long-tom. J'espère pouvoir m'en servir à Kimberley.

29 *janvier*. — Je fais une promenade avec le général Cronje vers l'emplacement où il voudrait le long-tom, pour le cas où le train blindé qui a été construit à Londres viendrait pour réparer la voie devant lui. Tout cela est vague; l'emplacement, quoique bien choisi, ne servira à rien; on y fera cependant une plate-forme.

Le général Cronje, vêtu d'un paletot que le temps a fait plus vert que noisette, et d'un pantalon flottant, coiffé d'un large chapeau gris, le dos un peu voûté, ne représente en rien ce qu'on est convenu d'appeler chez nous un général. Il va au tout petit

galop de son cheval, tandis que les Boers
ôtent respectueusement leur chapeau! La
tête chez lui, à côté du reste, exprime bien le
commandement; c'est un soldat qui voit clair
et paraît sûr de lui. Cela nous change de tant
de chefs que leur responsabilité aux grandes
manœuvres fait trembler.

Nous avons retrouvé sur un kopje Mme Kolbe
et sa sœur, Mlle Pretorius, qui sont venues
avec leur mère pour voir les tentes anglaises.
Elles nous ont gentiment fait goûter à leurs
provisions. Mlle Pretorius était mise de la
façon la plus seyante, canotier blanc, robe à
minuscules rayures blanches et bleues, chemi-
sette en surah blanc sous la jaquette pareille
à la jupe.

Ce qu'il y a de curieux dans nos existences,
c'est le mélange de nos restes de civilisation avec nos rustreries nouvelles. Sternberg,
par exemple, fume des cigares à 5 shillings
pièce et reste trois jours sans se laver ni se

déchausser pour dormir. Lui qui ne boit que de l'extra-dry, il se contente de whisky et d'un morceau de bouilli. Nous débouchons, pour nos invités, du vieux vin de France, du champagne, du cognac de premier ordre, de nos mains qui viennent d'éplucher des carottes ou de peler des oignons. Je dois dire que nos menus, composés d'une viande et d'un légume, sont toujours assez rythmiques, par habitude française. Ainsi, nous mangeons le bouilli sauce tomate, le gigot rôti aux flageolets, les stakes aux pommes sautées, les œufs (quand il y en a) avant la viande. Léon et moi, nous nous partageons la tâche; en général, chacun fait son plat, et, en somme, nous vivons bien. Quant à obtenir des nègres seulement qu'ils allument le feu et qu'ils fassent bouillir de l'eau, on le peut le jour où on les rosse; mais le lendemain, de guerre lasse, on fait tout soi-même. Cette race est certainement au-dessous de tout ce qu'on pourrait dire; qu'on s'exerce au Cafre pendant un mois, et l'on sera cuirassé de patience pour toute sa vie !

Le soir, la conversation s'engage sur Maggersfontein; les lignes s'y mêlèrent presque
par instant. Le black Watch marcha avec
son héroïsme coutumier et arriva à 20 mètres
des Boers. Ceux-ci se trouvaient obligés de
mourir sur leurs positions plutôt que de les
perdre, le général Cronje ayant eu la précaution d'éloigner les chevaux à une heure du
champ de bataille. C'est ce principe qu'il a
maintenu pour la défense des tranchées; les
hommes y sont loin de leurs chevaux, auxquels ils ne peuvent avoir recours.

La fermeté boer est mêlée de tant de prudence, la mobilité de l'infanterie montée et
l'ordinaire succession des kopjes semblent tellement opposées à la conservation stoïque des
positions que la mesure prise par Cronje, et
que lui a suggérée son expérience, n'a rien de
surprenant.

Il y a dans cette guerre extraordinaire un
grand facteur, c'est la possibilité de se mouvoir
que les Boers ont en tous sens, grâce à leurs
chevaux et à leurs chariots, alors que les An-

glais ne l'ont que dans le sens de la voie
ferrée qui les ravitaille, car ils ne possèdent
pas suffisamment de bullocks-wagons, et leur
infanterie n'est pas en état de faire les étapes
ordinaires en ce pays où la marche est épui-
sante. Cela explique l'infériorité des réguliers
déjoués dans leurs calculs par la rapidité des
Boers. Néanmoins, une chose est faite pour
étonner, c'est que leur tactique impose aux
Boers la grande guerre, en ce sens que ceux-
ci exploitent la valeur des positions comme
le ferait une armée européenne et n'usent
presque pas des opérations de guerilla comme
l'on devait s'y attendre. Par contre, tout est
illimité dans leur manière, et aucun espace à
couvrir non plus qu'un effectif dérisoire ne
les arrête. Édifiés sur l'immobilité forcée de
leurs adversaires, les Boers, naturellement
paresseux, s'en tiennent à la garde exacte de
leurs tranchées et négligent presque absolument les reconnaissances. Ils ont, il est vrai,
quelques hommes qui opèrent, pour leur
propre compte, des razzias d'animaux lorsque

des troupeaux s'approchent des lignes anglaises, mais ces capteurs de mulets s'occupent bien plus de la proie qu'ils ont en vue que des mouvements de l'ennemi. Celui-ci, d'ailleurs, en est si sobre qu'il a réussi à faire languir l'intérêt au point qu'on désespère presque de le voir se réveiller quelque part. Voici le mois de janvier écoulé, le général Roberts est ici depuis vingt jours, et il n'a encore donné aucun signe visible de sa prise de commandement. A vrai dire, il trouve des troupes démoralisées et des états-majors déconsidérés, ce qui est un navrant point de départ; mais de l'indication de sa concentration devrait déjà sortir celle de son plan, et rien n'apparaît très positivement. Néanmoins la direction Colesberg-Bloemfontein s'impose tellement que tôt ou tard il y risquera une partie qui serait peut-être déjà gagnée si les Anglais eussent commencé par là.

XX

3o *janvier*. — Changement de camp. Nous prenons congé du 'général Cronje pour aller auprès du général du Toit, à l'établissement des pompes du service des eaux de Kimber-ley. La route est lassante pour les animaux et pour nous. Nous sommes, à notre arrivée, invités dans un campement ravissant dressé entre les arbres du jardin, assez mourants, parce qu'on ne les arrose plus, mais qui fournissent encore un ombrage appréciable, et en face la grande *dam* pleine d'une eau limpide. On nous fait un accueil charmant.

3i *janvier*. — Visite à pied à Kampfersdam. Rien pour reposer nos chevaux ; le mien tire tristement une des jambes de derrière; il est maigri à en être méconnaissable.

La mise en place du long-tom doit être suivie d'un grand effet. Et ce sera heureux, car les Boers m'ont l'air de craindre terriblement tout ce qui explose. Ils racontaient hier que les passages conduisant à Kimberley étaient minés de dynamite. Aujourd'hui, à l'annonce que les Anglais tiraient, j'ai presque été renversé par eux dans leur ardeur à aller s'abriter, alors qu'ils se trouvaient déjà derrière le cône de la mine et dans un bâtiment. Leur demander un assaut, leur offrir même les risques bien modérés d'une action de nuit me semble de plus en plus impossible. La vérité est qu'il y a chez eux des braves et que ce sont toujours les mêmes qui se font tuer, mais la masse serait couarde devant la certitude d'un danger mortel à courir sans parapets, parachutes, kopjes et autres protections interm-diaires. Otez-leur le cheval et la ko je ; es Boers ne seront plus que des hommes ordinaires. Le climat limite l'activité, il y faut un effort supérieur à celui qu'on produit en Europe pour un résultat identique. La marche est péniblé, les jambes sont molles, les travaux de force ne peuvent se poursuivre sans une volonté robuste. Il y a dépression physique, on ne peut le nier. Il en résulte que le Boer, une fois son effort donné, se repose, reste, sa vie durant, entre les courses un peu surmenantes et le repos assis ou allongé, l'esprit au calme comme le corps, fixé sur la même idée paresseusement. Les choses matérielles s'accomplissent donc automatiquement autou. d'eux. Les noirs conduisent aux champs le *cattle* et le rentrent, plantent le maïs et le récoltent. A peine quelques ordres nonchalants expriment-ils la volonté du maître.

La cuisine est saine et uniforme : une viande bouillie ou revenue dans le beurre, mais toujours abandonnée à une cuisson ininterrompue, un plat de riz, un autre de pommes de terre et de carottes, le tout ayant bon goût. Le Boer ne connaîtra jamais les pommes de terre frites parce qu'il lui faudrait tenir la poêle et les faire sauter, ce qui occasionne une fatigue et une décision.

Il s'habille sans aucun soin d'élégance en entrant dans le complet tout fait qui le gêne le moins et en s'en fiant aux bretelles pour soutenir le pantalon bâti en sac. Des souliers quelconques et une chemise de couleur complètent un costume dont la caractéristique, qu'il soit neuf ou vieux, est de paraître toujours sale. Le Boer couche avec son pantalon sans oublier les bretelles, parce qu'il est ainsi plus vite habillé et avec moins d'effort. Le Boer use des choses naturelles sans leur faire subir la moindre préparation fatigante. Il mange les fruits crus, ou, s'il veut les garder, laisse au soleil le soin de les sécher. Les compotes et les confitures fabriquées au Cap ou au Natal sont un tel mélange de fruits pêle-mêle avec une cassonnade arrosée de miel qu'il ne vous reste au goût qu'une mélasse pharmaceutique. Dans les jardins tout pousse, mais le Boer ne corrige rien et, comme résultat, tout est à peu près. Les artichauts sont filandreux, les pois sont gros, les épinards jaunis et les navets filamenteux.

Tout s'arrangerait avec un jardinage bien entendu, mais le jardinier européen ne pourra travailler comme en Europe et devra s'abandonner aux noirs. J'ai dit ce qu'on en peut tirer.

Le Boer plante ce qui veut pousser, jus e pour sa consommation. Il boit son lai. frais ou caillé, mange sa viande fraîche ou boucanée, fait son pain, ses beignets ou ses crêpes, et recueille mûrs ou non les produits de son jardin. Tout cela se cuisine par contact avec le feu, comme tout cela s'est élevé par contact avec le soleil ou avec l'herbe du steppe, sans effort humain, sans pensée neuve surtout et sans modification aucune.

Le Boer vit heureux de son farniente pourvu qu'il ait son café, une pipe, du tabac qui pousse sur sa terre. Il reste en famille, assis, accroupi, l'œil à la route, happant le voyageur pour une causerie, confiant dans sa femme dont l'esprit plus alerte pense souvent pour le sien. Le temps n'existe pas, d'ailleurs, dans cette vie libre subordonnée à la seule commodité personnelle non plus que le stimulant de l'occasion qui va passer. Le Boer s'attarde indéfiniment à une décision. S'il s'engage dans la campagne pour tuer du gibier, il prend son temps : la demi-journée se passe avant qu'il parte, il bavarde et ne cède enfin qu'à la nécessité urgente. La chasse est pour lui comme un passage à la grande boucherie du bon Dieu, plus qu'un sport. Ce que les Boers aiment, c'est leurs bêtes ; ils les enveloppent d'un regard caressant ; au soir, lors de la rentrée de l'herbage, leur œil les compte, les reconnaît sans jamais s'y tromper ; c'est leur fortune qui marche, prospère et s'accroît sans leur demander de peine ou en occasionnant ces grandes migrations qu'ils aiment, où le wagon devient une demeure ambulante, respectant leur farniente, leurs habitudes et mettant une distraction dans la monotonie de leur existence.

J'ignore si les fils des Boers prendront goût à nos prétentions scientifiques et paperassières, mais alors ce ne seront plus des Boers. Le propre de l'être contemplatif, engourdi sur lui-même, simple et droit aux choses de sa compétence, est de repousser les inutilités compliquées et tracassières dont sont faites nos existences. Les mœurs paisibles et familiales, l'empire incontesté de la mère de famille ne tiennent pas devant les soucis, les intrusions de tracas dont nous peuplons à plaisir nos existences. Le lien de famille cède alors aux diversités des humeurs et des habitudes. La civilisation, si elle s'abat sur ce pays grandi, fera son œuvre comme ailleurs, elle le ravagera dans sa foi et dans ses pratiques, elle en tirera tout ce qu'il peut donner et lui laissera en revanche le désenchantement des peuples arrivés.

Ce qui pénètre le plus le Burgher, c'est qu'il est souverainement libre parce que l'espace lui

appartient, que son voisin ne le gêne pas, ni
son gouvernement non plus. Libre, il l'est,
sans doute, mais à la condition de se conduire
comme un Burgher, comme fait son voisin,
comme l'a réglé sa loi religieuse et politique.
Libre, il l'est, à la condition, de vivre honnê-
tement, pieusement, en contact perpétuel avec
son pasteur, sans jamais lever un œil défendu
sur la femme d'autrui. Libre, il l'est, à la condition d'ignorer les alcools, les beuglants, les
bars, les disputes et les rixes. Demandez donc
à beaucoup de civilisés s'ils échangeraient leur
contrainte contre cette liberté-là. La pire contrainte morale serait, pour un homme ayant
ouvert son imagination à des nouveautés
défendues, de se plier hypocritement à la vie
du Boer.

L'oppression la plus effrayante pourrait
naître d'une simple passion du cœur poussée
dans ce milieu qui en est exempt ou qui ne
l'autorise que dans la condition naturelle et
religieuse où elle est permise. Le Boer est
donc libre à la manière boer, il ne l'est pas à

un autre point de vue. Quand il le deviendra, il cessera de l'être à la primitive manière. C'est pour dire que le servage humain rattrape l'homme ici-bas de quelque côté qu'il se tourne.

XXI

1er *février* 1900. — Je me suis promené ce matin, les yeux fixés sur Kimberley, comptant ses puits de mines devenus d'artificiels kopjes qui font une dentelure grise à la ride de terrain qui supporte la ville. Je me suis surtout intéressé aux deux mines nord et sud, dont la possession doit nous permettre d'étreindre la ville déprimée par le blocus en resserrant sous le fusil l'investissement. Ces spectacles de choses, sur lesquelles travaille l'imagination en vue d'une combinaison de guerre, prennent un intérêt passionnant. Je suis sûr ici que le sort de Kimberley est entre les mains des Boers, s'ils suivent mes avis. Léon, qui les traduira au Conseil de guerre, est en intime communion de pensées avec moi sur la conduite de l'opération, à laquelle l'arrivée des officiers français avec le long-tom donnera encore une probabilité de chance particulière. Je compte marcher avec eux pour l'exemple, histoire de mettre ici une fleur nouvelle au renom français. Prendre Kimberley et voir la tête du Napoléon du Cap mystifié par ces Boers, dont il pensait faire une bouchée, serait un plaisir peu ordinaire. J'attends donc samedi avec impatience, et cette vue de Kimberley au repos m'attire avec un attrait insistant.

Je fais une reconnaissance avec le général du Toit, qui a accepté mes idées d'une double attaque de ses troupes, l'une de Kampfersdam, l'autre d'un point de ses tranchées à l'opposé, en même temps que le général Kolbe poussera ses troupes en face du fort anglais et y établira son canon. Ce mouvement s'opérera après la canonnade du long-tom. Je conduirai avec les officiers la colonne à Kampfersdam. Nous coucherons sur les positions conquises.

Le lendemain, à l'aube, nous pousserons de l'avant, tandis que le long-tom bombardera la ville. Cette attaque sera précédée, la veille ou au matin, d'une démonstration sur la mine extrême nord, qui marque la droite anglaise vers l'ouest.

Nous attendons vainement Sternberg retenu par Cronje qui réclame le canon avant Kimberley, parce que lord Roberts serait arrivé à la Modder. Zut!...

2 *février*. — Je fais avec Léon une reconnaissance de la mine désignée pour une fausse attaque : nous nous avançons imprudemment sur les grand'gardes anglaises, poursuivis par leurs cavaliers, tirés par les Boers; à la fin tout s'arrange. Nous passons l'après-midi avec Mme Kolbe, Mlle Pretorius et une femme de prédicant, très boer de cœur et très intéressante. Nous leur offrons le thé ainsi qu'aux généraux. Des toilettes claires, de jolis visages,

c'est un rayon de soleil qui tranche délicieusement sur notre tenue délabrée.

3 *février*. — Autour d'un canon. Le général Cronje, qui depuis trois jours envoie dé êche sur dépêche pour avoir le long-tom sur s1 droite à la Modder-River, vient d'employer le moyen le plus décisif. Un dispatch-ridder est allé à la rencontre de la pièce pour lui intimer l'ordre de changer son parcours.

Nous avons eu ce matin un conseil de guerre qui semble se rallier à mon projet d'attaque.

Léon a envoyé au général Joubert une dépêche pour décliner toute responsabilité dans l'installation sur les positions de Cronje; mais avec le commandement tel qu'on l'exerce ici, si vraiment la pièce est acheminée là-bas, elle y restera pour y être inutile ou pour être prise. Ce n'est qu'une pièce; mais, quand on n'en a que quatre de ce modèle, que l'armement des forts de Pretoria repose sur elles, qu'elles sont en-

trées très avant dans la superstition des combattants, encore faut-il savoir ne les exposer
qu'à bon escient.

L'idée du général Cronje est d'être le plus
fort possible quand il sera attaqué. Mais il n'a
que des présomptions fort vagues sur la venue
de cette attaque. Si le plan arrêté pour Kimberley avait reçu son exécution lundi, la ville
eût été entre nos mains mardi, et les 4.000
Boers, disponibles pour une autre opération,
restaient aux ordres du général Cronje, si la
nécessité en avait été démontrée.

Ce n'était qu'un faux bruit. Le long-tom
arrive par Boshof et ne peut être détourné de
sa route; il a seulement un retard et sera ici
'undi. Ce matin, au Conseil de guerre Léon a
expliqué notre petite combinaison, et elle a eu
la bonne fortune d'être adoptée à l'unanimité.
Toutes les positions des burghers seront rap-
prochées et, quand nous aurons marché, avec
le général du Toit, il faudra bien qu'il nous
emboîte. Je suis heureux de servir ce début
aux officiers français récemment arrivés. Si

nous réussissons l'opération, comme j'en suis sûr, les canons de la France et la vaillance française auront gagné ici la partie. La règle doit être ici de ne rien brusquer et de ne pas effaroucher une prudence naturelle qui demande des assurances avant de rien entreprendre.

Si nous réussissons, l'armée anglaise attaquera encore la Modder River et se retirera définitivement en cas d'insuccès. Si elle attaque en même temps que nous ici et subit son ordinaire fatalité, ce sera autant de gagné en rapidité. Le plan des Boers, et il commence à recevoir une première exécution, est de joindre leurs frères du Cap en tournant les forces anglaises. Déjà, 200 burghers avec 2 canons et des munitions sont partis vers l'ouest pour rejoindre les Boers de Pricka qui les appellent, sont armés, mais manquent de cartouches. Ce mouvement généralisé peut amener un soulèvement du Cap, qui sera la fin des Anglais. Quoi qu'on fasse, la paix est à Capetown, et comme l'a très bien dit le président Steijn à Ladysmith, il s'agit du tout ou rien, de reprendre l'empire entier du South Africa et d'en finir avec Albion, sa morgue et sa duplicité.

Aujourd'hui, 48° à l'ombre.

4 février. — Dimanche, journée de repos et de chaleur.

5 février. — Nous vivons dans l'attente fiévreuse du canon. Sternberg arrive à midi avec un secrétaire particulier du général Cronje. A quatre heures nous montons à cheval pour aller à la rencontre du long-tom. A 10 milles, rien; les renseignements sur la variété des parcours possibles sont décourageants. Nous rentrons à la nuit close; notre dîner pour les officiers français a été cuisiné en pure perte. Dans la nuit, rien. Ce canon devient un mythe, à

moins qu'il ne soit entré avec ses munitions
et son escorte à Kimberley.

6 *février.* — Enfin, les officiers français
sont arrivés escortant le canon. Ils m'apportent des lettres qui sont des recommandations,
mais, à défaut d'autres choses, des nouvelles
de France. Léon va régler la question du canon. Nous avons une conversation avec les
landrosts, les généraux du Toit et Kolbe.
Nous organisons l'hospitalité pour le dîner et
la nuit. Avec les provisions de Sternberg et
du secrétaire de Cronje, nous sommes montés
comme un hôtel.

Nous sommes allés cette nuit avec Sternberg voir l'installation du long-tom à Kampfersdam Sous un ciel romantique nous envoyant parfois de grosses gouttes de pluie,
cette masse d'hommes, de bœufs, de chevaux
arrêtés, couchés, ou en mouvement derrière
la mine, est pleine d'intérêt. On travaille à la

plate-forme ; silencieusement, les Boers passent chargés de moellons. La montée et le terre-plein ont été soigneusement abrités et dissimulés. Le mouvement s'est fait inaperçu malgré les projecteurs. Accroupis sur les sacs à terre du parapet nous interrogeons leur faisceau lumineux, cherchant à deviner leur intention.

Il se produit des mouvements de troupe de nos Boers qui rapprochent sur différents points leurs positions. Tout est silencieux néanmoins et l'ennemi semble assoupi comme de coutume ; seuls, ses deux grands yeux lumineux fouillent âprement le steppe. Tandis que nous revenons, ils nous saisissent dans leur gerbe étincelante et nous jettent hors de nous à force de persistance.

7 février. — Il est onze heures, le long-tom a ouvert le feu. J'en reviens et surveille le repas qui cuit en attendant les convives encore à la mine. Ce matin, il y avait, devant la position, une longue théorie de Cafres s'avançant et s'arrêtant, un drapeau blanc en tête. Ils étaient vraiment curieux, ces affamés, hommes et femmes, avec leurs ombrelles et leurs parapluies, et, sur leurs grotesques personnes, des habillements d'emprunt historiés d'oripeaux.

L'après-midi le feu cesse, la plate-forme est un peu disjointe.

8 *février*. — La plate-forme a été refaite dans la matinée. L'après-midi, le long-tom a eu un très bon feu ; il a, notamment, incendié un magasin à munitions.

Sternberg rentre à la Modder River. Les laagers ont dû envoyer des cavaliers pour reprendre une colline à Coudesberg occupée par 5oo Anglais qui menaçaient, à trois heures de distance, de tourner la droite de Cronje.

9 *février.* — *Kimberley.* — Entre la décision et l'action. Ceci pourrait être appelé l'histoire d'un avortement :

Il avait été bâti un plan superbe sur la venue du canon le long-tom. Ce canon entrait en scène comme un enfant du miracle, revenu des morsures de la dynamite anglaise. Nous lui faisions d'avance une longue ovation d'espoirs. Il devait prendre le train comme une personne à l'heure dite, avec son accompagnement de munitions, trouver ses relais de bœufs échelonnés par l'activité des landrosts, s'encadrer d'une équipe de choix, en plus d'une escorte d'officiers français récemment débarqués.

14

Par malheur, dès le début, il est entré dans
la voie des mécomptes comme ces personnes
déveinardes autour desquelles le sort *s'emma-
lice,* suivant une jolie expression marseillaise
qu'on applique au mistral. A la gare, d'abord,
ses artilleurs lui ont fait faux bond. Ils étaient
restés aux bras de leurs épouses, oublieux du
départ matinal. Puis, en route, les étreintes
enfin rompues, on s'est aperçu qu'il lui man-
quait aussi quelques pièces de son nécessaire
de toilette. A Branfort, enfin, il a commencé
ses étapes terriennes avec cette philosophie
boer pour laquelle il n'était pas né, mais que
le climat et les circonstances communiquent
ici aux survenants.

Comme il ne marchait pas le jour et se re-
posait la nuit, on lui donna tout le loisir de
comparer le steppe sablonneux où il s'aventurait avec les kopjes rocheux où il avait humé
les brises du Natal. Cela n'épuisait pas les
bœufs qu'on oubliait au pâturage. Les Boers
s'en avantageaient pour fréquenter chez les
gens des fermes qu'on croisait de-ci de-là aux

points d'eau. Tout prospérait donc dans la caravane qui, lorsque, par hasard, elle se mouvait, s'avançait guillerette et repue, sa marche rythmée par le maréchal des logis.

Cet homme était possédé de la musique et n'abandonnait ses grincements de trompette que pour gémir du flageolet nègre. S'il venait à s'interrompre, il criblait de coups de revolver les excroissances terreuses qui figurent ici d'indestructibles fourmilières. De quelque façon que son activité s'exerçât, elle profitait à la distraction du convoi dont la lenteur, pourtant, n'avait besoin d'aucun stimulant. Son arrivée, escomptée pour le vendredi, ne se produisit que le mardi soir, alors qu'on commençait à n'y plus croire.

L'activité de Léon tomba alors comme un tison ardent sur ces volontés boers ondulantes et fléchissantes à l'exemple des longues tiges vertes qui ont, en ce pays, la paresse inhérente, à l'immanquable lumière et au soleil inlassable. Il y eut un grésillement d'abord, mais l'apathie des Boers l'étouffa. Après une nuit d'installa-

tion fiévreuse au Kampfersdammine, entre
les manœuvres qui s'agenouillaient, dormant
sur leurs moellons, le sol qui s'affaissait sous
la plate-forme, les efforts qui se contrecarraient
dans l'obscurité, on dut recommencer au jour.
Le long-tom ne fut livré à la publicité qu'aux
environs de midi, alors que chacun l'attendait
très matinal, et ses quelques coups d'essai ne
furent pas des coups de maître. L'heure du
repas et de la méridienne eut, d'ailleurs, tôt
raison de ces tentatives.

Le soir, comme le silence s'éternisait, on
apprit que la plate-forme s'était gauchie légèrement et que l'équipe en avait pris prétexte
pour rester au calme. Le général vit aussitôt
celui de contremander l'opération et, dans les
laagers, un contentement s'épanouit à l'annonce de ce répit d'action. Les pasteurs en
profitèrent et bientôt les psaumes se répan-
dirent par les kopjes. Jusqu'au Kampfersdam
un prédicant vint apporter la parole sainte et,

derrière le long-tom, les combattants se grou-
pèrent, charmés par la présence de cet homme
de paix.

Les Anglais, dont c'était l'heure, et que les
essais, si modestes pourtant, du. long-tom
avaient invités à lui répondre, se mirent tout
à coup à parler très haut et surtout très juste.
Le prédicant dégringola la colline au premier
shell ; ses auditeurs l'avaient d'ailleurs lâché
sans cérémonie pour se plaquer dans leurs
abris. Il s'ensuivit de petites émotions surmon-
tées gaiement quand les premiers obus s'allon-
gèrent derrière Kampfersdam, mais ils serrè-
rent davantage le kopje et, enfin, l'un d'eux
traversant, avec un craquement sinistre, l'échafaudage qui le surmontait, l'ébranla dans toute
son ossature. Dès lors, le sable vola avec les
pierres sur le terre-plein désormais très désert,
et cela se continua avec une certaine vivacité
jusqu'au moment où les artilleurs boers, ou-
bliant leurs objections contre la plate-forme,
se mirent à répondre, non moins vivement,
au feu qui les battait de face. Des deux parts,

il y eut autant d'inutile dépense de munitions, mais comme des deux parts ce pointage sans résultat contre des pièces isolées ne parut pas sans valeur, des deux côtés chacun alla manger la soupe, l'âme satisfaite.

Le lendemain 8, au matin, la plate-forme, le masque, l'assise, tout fut méthodiquement consolidé, l'échafaudage mis bas, un abri pour les projectiles créé et, dans l'après-midi, le long-tom bien assis continue doctement son discours. Il fut même si éloquent, après s'être adressé à la ville, qu'il mit le feu à un magasin de munitions, lequel fit explosion dans une gerbe fuligineuse. C'était une occasion de donner suite au plan arrêté en conseil de guerre pour attaquer Ottoskopje ; le canon avait fait son œuvre, le fusil pouvait commencer la sienne. Mais les généraux boers, qui ne sont pas doués pour la guerre, fuient l'événement pour lequel ils ne sont pas faits. Leur prudence devient complice de tous les retards.

On ne parla de rien et on s'en remit au lendemain. Néanmoins le hoof commandant Ferreira visitait les camps. Il est probable qu'on
l'entretint des hauts faits du long-tom et l'on
opina vraisemblablement qu'ayant si bien
commencé, il n'avait qu'à continuer. Le mot
du maréchal servira longtemps de couverture quand l'esprit restera court.

Le 9, sans arrêts, que pour laisser souffler
la pièce, on lui fit donner à grande distance
toute la volonté de ses poumons. Les obus
parcoururent l'amphithéâtre de la ville, éclatant majestueusement aux bons endroits,
chargeant même contre le troupeau qui ren-
trait du pâturage, dispersant, démolissant,
inquiétant, faisant de bon ouvrage. Mais ce
jour-là l'inertie du commandement était à
l'aise. Un cent de cavaliers avait dû être dis-
trait des laagers pour un détachement à
grande distance. On en parlait avec emphase,
comme si les camps s'étaient tout à coup vidés,
alors qu'ils résonnaient des mêmes chants
liturgiques, fumaient des mêmes cuisines,

bourdonnaient de la même paisible anima-
tion. Puis on chuchota mystérieusement que
ces cavaliers allaient revenir et que peut-être
demain... Toujours demain, ici, l'implacable
loi d'attente, l'espoir qu'on jette à ronger aux
impatiences européennes! Demain d'ailleurs
restera toujours incessant et insaisissable. Il
faut une certaine expérience transvaalienne
pour lui sourire avec impertinence.

Ici, toutefois, demain a rapproché l'événement par le fait des Anglais! Le commandement n'avait oublié qu'eux. Ils tirèrent sur
notre laager, de leur grosse pièce, pour détourner le feu de la nôtre, qui gênait trop la ville.
Ils incommodèrent nos artilleurs sous une
grêle de balles, que des tireurs d'élite, embus-
qués dans des tranchées, firent pleuvoir sur
Kampfersdam. La nuit on avait poussé des
tranchées dans la plaine pour les abriter. Le
pauvre long-tom, la bonne grosse bête du
Creusot, aura fait tout ce qu'il devait, aboyé
ferme et mordu juste, mais agissant en dehors de chefs qui n'en avaient pas l'intelli-

gence, son apparition sera ici de courte durée.

Le canon tire sans discontinuer sur la ville et produit de grands effets. Même refus de marcher des généraux boers. C'est une occasion décidément perdue par leur incurie. Les Anglais nous bombardaient dans notre laager, et cela amène la fuite d'un pasteur.

XXIII

10 février. — Le canon anglais nous bombarde dans notre camp. Les Anglais cherchent à détourner le feu du long-tom qui les gêne sur la ville. Ils y réussissent par des tranchées d'infanterie poussées dans la plaine entre Ottoskopje et l'emplacement du canon Cecil, d'où part à 1.500 mètres un feu très gênant sur nos artilleurs. Ils veulent évidemment en finir avec le canon. Le général du Toit reste introuvable. Ces généraux boers sont vraiment bien curieux quand ils n'ont pas l'instinct militaire, leur attention fuit devant l'événement comme leur instinct de préservation leur fait éviter le boulet. La veille, comme je lui demandais ses projets d'action, il avait répondu qu'il

avait rendez-vous le lendemain pour en délibérer avec un commandant, à Kampfersdam.
Ils ont toujours à délibérer avec un voisin et
c'est toujours le voisin qui refuse de marcher.
Je considère donc mon projet comme perdu,
malgré un télégramme de Bilse, l'adjudant du
hoofcommandant Ferreira, me demandant
de surseoir à mon départ et me promettant,
de la part du général Kolbe, des hommes pour
lundi soir. Je partirai mardi, car les hommes
ne seront pas donnés.

J'ai passé ma journée au canon ; il y pleut
quelques balles, le tir du jour sur la ville
est bon. La nuit, il est repris à 9 heures jusqu'à minuit (à cause du dimanche), à raison
d'un coup toutes les six minutes. Le général
du Toit est là, il donne son possible de présence. Des nouvelles de Kimberley disent que
le feu sur la ville cause un grand émoi dans
la population et que celle-ci a éprouvé des
pertes sérieuses. Elles font présager que la résistance ne sera pas désormais très prolongée.
Toutes ces constatations devraient donc pous-

ser les Boers à brusquer ce dénouement, mais en pure perte, j'en ai peur.

11 *février*. —Dimanche, repos.

12 *février*. — Les Anglais tirent sur notre laager et les bombes y tombent d'aplomb. Il y est resté fort peu de Boers, car ceux-ci se sont installés derrière des tranchées que le respect du dimanche ne leur interdit pas d'édifier ni de creuser.

Je me rends à Kampfersdam à pied après avoir fait partir au pâturage notre cavalerie qui était trop exposée.

Nos jeunes Français sont allés voir le tir dans les tranchées du camp et ont absolument oublié leurs chevaux. Léon m'a précédé à cheval auprès du long-tom. Je l'y trouve plein d'entrain. La fusillade anglaise est telle qu'elle

15

m'a fait dire aux Français, au moment où je partais, qu'ils feraient bien d'y aller voir avec leurs armes. Ils ont dû se rendre dans les tranchées. Nous n'étions, avec les artilleurs, que le général du Toit, Léon et moi. Pas mal de balles étaient rasantes. C'est ainsi qu'un seau où je venais de boire et que j'avais posé sur les sacs à terre a été atteint par un projectile. Dès qu'on aventurait la tête un peu en avant au remblai, on était aussitôt salué par une balle qui, à droite, s'aplatissant dans les ...

revenais à gauche ; nous marchions l'un vers l'autre, et allions nous joindre lorsque je le vis chanceler, tourner et s'abattre sur le dos contre la crosse du long-tom. Je me précipitai et le saisis sous les épaules, il vomissait un gros flot de sang. Tout s'était passé sans un mot, personne n'avait vu et je fus obligé d'appeler les artilleurs. Nous le portâmes dans le magasin des munitions. Je fis télégraphier au docteur de l'hôpital, à deux heures, de notre laager, et ordonnai au boy qui tenait son cheval de galoper vers notre camp pour en ramener l'officier de santé chargé de l'ambulance. Je soutins le malheureux blessé, qui était couvert de sang, lui pressant les mains, ému aux larmes en entendant les adieux qu'il nous adressait à ·····s, empêché par le sang de juger de l' · ·   lessure dont je n'apercevais

. et croyant la balle de haut

posé dans la gorge, parce

e grande souffrance.

même, la raison in-·

mais plutôt calme.

Néanmoins, son obstination à dire que la mort venait, la teinte jaune qui envahissait ses traits, certains soubresauts nerveux me plongeaient dans la plus cruelle angoisse.

Le sort de ce jeune homme, remarquablement énergique et intelligent, qui avait forcé les circonstances à lui sourire, après avoir exercé ses facultés d'invention à Lourenço et à Johannesburg, sans rencontrer le succès, frappé ici au moment où cette guerre allait consacrer sa situation, me touchait profondément. Il n'était pas ici en combattant, et il agissait comme le plus actif, le plus utile de tous les combattants qui se trouvaient ici.

Il cachait à sa mère qu'il fût au front pour ne pas l'effrayer et envoyait ses lettres pour elle à Pretoria d'où on les réexpédiait. Il était affectueux, attentif pour moi à l'excès, adroit, facile à vivre, causeur sympathique, plein de tact et de vues justes et nobles sur les choses.

Il restait surtout passionnément Français, et ce qu'il a fait ici pour appeler le commerce et l'industrie de notre pays, bien qu'il

n'ait pu en dégeler la routine, devrait déjà
suffire à lui valoir la reconnaissance de tous
ceux qui voudraient la France toujours plus
grande, toujours plus rayonnante. L'œuvre
de Léon dans la défense du Transvaal aura
été considérable et la balle anglaise qui le
frappait ne s'était point trompée d'adresse.

Le docteur arriva vite, mais l'attente me
sembla interminable. On emporta Léon sur un
brancard derrière la mine. Là, on crut reconnaître que la balle avait traversé le front au-
dessus des tempes, sans entamer la cervelle,
au dire de l'officier de santé, directeur de notre
ambulance. On transporta alors à bras le blessé
jusqu'au laager du général du Toit; le Dr Dun-
lop, de l'hôpital, s'y trouvait. De son examen,
il résulta que la blessure était très grave, la
balle ayant entamé la cervelle et fracturé l'os
frontal et qu'une opération était nécessaire.
Comme elle ne peut être tentée qu'à l'hôpital, on va y emmener Léon et j'attends au
camp son départ. J'ai télégraphié aux prési-
dents Krüger et Steijn, ainsi qu'au général

Joubert et à Grünberg, la triste nouvelle. J'ai demandé, d'autre part, au général du Toit de télégraphier au général Kolbe et de lui dire que, s'il maintenait l'offre qu'il m'avait fait faire de 5o Boers pour tenter un coup de main sur Ottoskopje, il n'avait qu'à les envoyer à six heures, ce soir, à Kampfersdam. Bien que l'opération se présente six jours trop tard dans des conditions infiniment moins bonnes, je suis décidé à la tenter.

13 *février*. — Les shells continuent sur le camp et troublent le déjeuner de deux invités. La plate-forme du canon continue à être aussi inhospitalière. L'après-midi, un télégramme de Léon m'appelle près de lui à Riverton. J'y arrive à la nuit, il est déjà sous l'action du chloroforme. L'opération dure longtemps et ne se termine qu'après onze heures.

14 février. — Je cause avec Léon qui a toute sa lucidité, et ne ressent pas de fièvre. Le docteur le déclare sauvé et affirme même qu'il conservera son œil ; je reviens laissant Courtenay, d'Etchegoyen et Michel à Riverton, où ils avaient couché sur le bruit que Kertanguy et deux autres de leurs camarades avaient passé avec un wagon. Ils avaient réellement passé, mais suivant un wagon banal. D'Etchegoyen, parti aux nouvelles, les avait trouvés dans une ferme. Comme provisions ils n'apportent que de l'absinthe et du whisky dont, par précaution, ils avaient défoncé quelques caisses pour s'équilibrer en route. Tandis que je faisais mon wagon avec Coste que j'ai gardé ainsi que Bréda, sont arrivés M. Boscher et un autre de nos compatriotes à qui je n'ai pu que faire mes adieux.

Le voyage se fait jusqu'à Kolbelaager sous un orage effroyable. Nous sommes trempés et la nuit est mauvaise.

XXIV

La retraite de Cronje.

15 *février*. — Je suis parti seul à cause d'un
cheval perdu. Par suite, le wagon ne rejoindra
à Scotchfarm qu'avec un déficit de deux noirs,
l'un resté pour chercher le cheval déjà retrouvé,
l'autre resté pour le ramener.

Bien reçu à Scotchfarm par les vrais pro-
priétaires et à l'ambulance hollandaise par les
docteurs et les nurses, je leur recommande
Bréda que je laisse avec le wagon et je pars
avec Coste. Arrivé au télégraphe, j'apprends
que le hooflager a changé de place, que les Anglais attaquent depuis trois jours, ont passé la
Modder et menacent Kimberley. Je me hâte, et

au camp l'on me confirme, en les aggravant encore, toutes ces mauvaises nouvelles. Je prends de l'inquiétude pour mon wagon et je pars avec les deux secrétaires du général, plus Coste, et M. Lefranc, un officier démissionnaire, afin de reconnaître au juste la situation. Les deux secrétaires me font perdre beaucoup de temps avec leurs précautions, car ces Boers savent ce que c'est que tourner autour du pot. Je crois comprendre que les Anglais ont une avant-garde sur les deux rives de la Modder. Cela ne me semble pas assez grave pour que je n'appelle pas le wagon. Je me figure, puisque les Anglais en veulent visiblement à Kimberley, qu'on retirera en échelon les troupes du hooflager derrière la route de Kimberley sur une belle position qui domine le terrain. Il faut avant tout évacuer la ligne de défense dans toute sa gauche, qui est tournée de manière à présenter des positions échelonnées suivant un plan que je dresse.

Dans ma première conversation avec le général Cronje, je lui avais signalé le péril que

courait sa gauche, mais il ne voulait pas l'admettre, prétendant qu'un coup de main par
un petit corps anglais le mènerait à se faire
envelopper et que jamais une grosse force anglaise ne quitterait le chemin de fer. Il jugeait,
au contraire, le péril à droite et y voulait
mettre le long-tom pour tirer sur un train
blindé dont son imagination exagérait la menace, en même temps que l'emploi du canon
qu'elle lui destinait.

La disposition à angle aigu de sa ligne et de
la direction du camp anglais à Jacobsdaal était
cependant assez parlante. Lorsque les Anglais
sont allés chercher l'origine de leur mouvement tournant au Kodesberg, vers notre droite,
ils l'ont payé d'un échec. Dès qu'ils sont revenus sur notre gauche, en rentrant dans la vérité, leur opération a eu un plein succès. Je ne
puis croire, cependant, qu'on livre la route
de Kimberley sans combat, et j'envoie Coste à
Scotchfarm avec ordre de ramener le wagon le
lendemain matin.

En arrivant au nouveau hooflaager, j'avais

bien trouvé tout le monde très alarmé; on sentait la position mauvaise, et celle du laager en particulier, éloigné de 3 kilomètres de l'ancien, ne signifiait rien.

Sternberg, très surexcité, revenait de la ferme de Joubert, racontant qu'au premier shell les Boers avaient tous filé comme des lièvres, que les Anglais étaient déjà à Alexanderfontein, en vue de Kimberley. Il partait pour Jacobsdaal avec son wagon, espérant passer entre les fractions de l'armée anglaise, ce qui était assez hasardeux, quand le mouvement tournant avoisinait déjà Koffeefontein, au sud de Jacobsdaal, sur la route de Colesberg. Il y fut bien de sa personne et y but deux bouteilles de bière sous les shells, y causa même avec un colonel anglais qui lui affirma la prise de Bloemfontein dans une huitaine. Il ne quitta la place au grand galop qu'au moment où un bataillon débouchait sur le marché et lui envoyait une pluie de balles.

Je le revis le soir au laager, très furieux contre les Boers depuis qu'il avait appris

qu'ils se retiraient sans combattre. A première
vue, cette résolution semblait inexplicable et
indiquer que le général Cronje avait perdu la
tête. Elle résultait, il faut bien le dire, d'une
série de fautes antérieures, rentrant dans cette
absence de prévisions qui est la caractéristique
du commandement boer. Au moment où il la
prenait, le général était-il maître de combattre?
Je ne le crois pas. Il avait tant détaché de
monde par petits paquets, à mesure que les
informations lui parvenaient sur le mouvement anglais, qu'il ne lui restait plus qu'une
force désorganisée, où les commandos étaient
mêlés, les chefs séparés de leurs hommes, la
débandade imminente. Outre le gros détachement du général de Wet, qui opérait entre
Jacobsdaal et Koffeefontein, il y avait de minuscules *renforcements* sur tous les points,
entre autres le long de la Modder, où les
hommes se tenaient au frais, fumant leur pipe,
complètement inutiles, puisque la ligne était
forcée.

J'acceptai l'invitation à dîner de Sternberg,

dont l'installation avait été maintenue sur la Modder, au delà de l'ancien camp et qui était content d'y rester le dernier, quand les Boers avaient décampé. Non loin de lui se trouvaient les reporters qui se proposaient d'y coucher, alors que Sternberg comprenait que nous n'avions que la nuit pour sortir de la zone désormais anglaise.

Il m'avait d'abord offert de filer avec moi sur Scotchfarm, puis Boshop, mais il se ravisa et déclara qu'il voulait se diriger sur Oliphantsfontein et la route de Bloemfontein. C'était friser l'avant-garde anglaise, tentative dangereuse, mais encore possible. Mon plan à moi n'avait de chance de succès qu'autant que nos troupes seraient encore autour de Kimberley. Je les y croyais et je quittais Sternberg, courant sur Scotchfarm. La lune brillait, je voyais bien la route; j'en pris malheureusement, ou heureusement, une mauvaise, celle qui allait aux laagers de notre droite, sur l'affirmation du noir de Léon, et ne découvrit mon erreur qu'en apercevant la chaîne de Schotnek.· J'allais la longer, lorsque je tombai sur un laager qui faisait ses préparatifs de départ; mal reconnu d'abord, je fus obligé d'attendre le commandant absent et finalement renseigné sur l'impossibilité de gagner Scotchfarm, la route étant déjà, dans quelques-unes de ses parties, aux Anglais..

· Le commandant me confirma ces données et m'engagea à faire retraite avec son laager. Ma brute de noir, qui ne comprenait rien, ne songeait qu'à m'indiquer une ferme voisine pour y dormir. La colonne se mit en marche après un assez long temps, les hommes à pied, leurs chevaux n'ayant pu être ramenés à temps du pâturage. C'était le commando de Belmont, et cette incurie indique bien à quel point de désorganisation militaire en étaient arrivés les Boers.

Il y eut, au début de la marche, un commencement de surveillance, les arrêts se faisant au sifflet, les distances serrées. Puis, quand les hommes eurent en partie rattrapé leurs chevaux qui avaient rejoint, ils filèrent, les distances se perdirent et tout s'espaça sur le grand steppe gris argenté par la lune au point qu'on eût pu croire, parfois, y cheminer seul. Après m'avoir d'abord suivi, le noir m'avait lâché pour dormir au hasard du feld, la bride dans les mains. La privation de sommeil me pesait lourdement sur le cerveau, j'avais d'étranges hallucinations : tantôt les wagons au loin me semblaient des maisons entourées d'arbres ; tantôt c'était une voûte de zinc qui séparait la terre du ciel et dont l'entrée se reculait juste pour me toucher sans cesse et m'obliger à craindre pour ma tête. Je trouvai une pomme que l'on m'avait donnée au laager et que j'avais oubliée dans ma poche ; je la mangeai pour me désaltérer, car j'avais un peu de fièvre ; plus tard, je retrouvai une goutte d'eau-de-vie dans ma petite bouteille de l'hôpital et je la bus en aspirant longuement afin de n'en rien perdre.

A un carrefour de pistes, près d'une maison, notre marche croisa d'autres colonnes, et ce fut, dans le feld, plusieurs lignes de wagons parallèles, tandis que les véhicules se mêlaient, que les plus rapides usurpaient la place, que les hommes s'en allaient insouciants, à cheval ou à pied, alors que d'autres dormaient paisiblement au fond de leur wagon. Le désordre, néanmoins, était calme; à part les cris des boys pour stimuler les bœufs et les claquements de lanières, on n'entendait rien, aucune clameur humaine, aucun juron, aucun cri de colère. L'insouciance ou l'ignorance militaire de cette bande en retraite, qui ouvrait le Free State aux Anglais, était même fort gaie et, sans entendre les Boers, je compris que la retraite avait leur assentiment général. Ces commandos du Free State à l'armée de Cronje, que j'avais entendu décrier maintes fois comme valeur, méritaient vraiment leur réputation.

XXV

16 *février*. — Au point du jour, je trouvai
M. Jorissen, l'un des secrétaires du général
Cronje, qui attendait le général devant une
jolie maison, sur la route de Boshop, et près
de l'emplacement désigné pour le camp. On
voyait au loin les wagons s'installer d'eux-
mêmes. Je m'arrêtai à causer avec lui et comme
deux noirs vendaient du fourrage, je me dépê-
chai d'en acheter deux bottes pour mon cheval que j'installai sous un arbre. Je reçus du
secrétaire du général la confirmation de l'éva-
cuation, la veille, des camps de Kimberley, et
un espoir d'assurance que mon wagon avait
dû faire la retraite avec les troupes de Kolbe.

Après avoir fait boire nos chevaux, nous décidâmes d'aller ensemble à Petersburg, moins éloigné que Boshop et sur la route de Bloemfontein. N'ayant plus rien je ne pouvais rester au camp et ne voulais pas me laisser couper de Colesberg, où Sauer se trouvait avec l'autre wagon. A la place du combat que j'étais venu chercher sur la Modder, je n'avais trouvé que déplorable faiblesse dans le commandement et un mélange fâcheux de contingents d'une valeur trop inégale où le Free State n'avait pas le beau rôle.

Si mes projets avaient échoué devant cette ténacité d'inertie où les Boers excellent, mes vues se trouvaient justifiées cruellement, puisqu'à force de ne rien faire nous nous enfonçions dans la situation désastreuse qui m'était apparue au premier aspect des positions de la Modder et de Kimberley. La seule chose qui dépassait mes prévisions, c'est que Cronje eût cédé aux Anglais sans combattre ; la situation n'en était qu'empirée, puisque c'était un suprême aveu de désorganisation absolue.

Après avoir parcouru un assez grand ter-

rain nous rapprochant de la Modder où d'instinct gagnaient les têtes de convois, nous pous-
sâmes jusqu'à l'eau, tandis que l'artillerie de
la cavalerie anglaise ouvrait le feu sur nos
wagons, à grande distance heureusement. Depuis les premières lueurs du jour elle avait
pris le contact avec sa batterie. La marche en
était devenue meilleure, les animaux serrant,
et les kopjes, placés immédiatement en tête, se
garnissaient peu à peu de Boers en même
temps que d'autres se déployaient vers la Modder. D'où venaient les ordres ? Les choses
semblaient s'établir d'instinct.

Je déjeunai avec l'état-major du général, à
sa cuisine, tandis qu'il se restaurait sur une
caisse avec sa femme. Le timon de leur voiture avait été brisé, le café était sans sucre, on
avait tiré un peu de ragoût de porc froid et
on avait quelque peine à atteindre l'eau du
seau placé près de Mme Cronje. Elle était la
tête enveloppée d'un foulard sous son chapeau, défaisant sa caisse avec un nain noir qui
emportait peu à peu son déjeuner sous la voi-

ture, où il avait établi son quartier général dans un casque colonial dans lequel il introduisait le buste en outre de sa tête.

Après ce déjeuner sommaire, alors que je partais avec M. Jorissen, j'aperçus, à ma grande surprise, Coste qui venait à moi. Il n'avait pu passer, arrêté par les Boers, à cause de l'insécurité de la route, était rentré au hooflaager au moment où celui-ci s'ébranlait pour partir et, depuis son arrivée au nouveau camp, avait été pris pour monter la garde sur un kopje. Je lui dis mon intention d'aller me reposer à Petersburg, où je lui demandai de me rejoindre avec ou sans le wagon le lendemain soir. Je croyais alors, sur ces renseignements, que les Boers s'acharnent à donner faux, que Petersburg n'était qu'à quatre heures du camp. On va voir à quel point cet ordre était inexécutable !

Partis une heure après être descendus de cheval, aux environs de neuf heures, nous marchâmes assez vigoureusement, malgré l'écrasant soleil et une première erreur de piste, vers la Modder. Nous la passâmes à un soi-disant drift et nous nous lançâmes, d'après les renseignements des passants, sur un path qui nous amena à la repasser de nouveau, et nous mit sur une piste bien tracée dans une direction tout opposée. Il semblait que nous tournions en rond sur nous-mêmes. Cependant, des kaffirs affirmaient que c'était la route de Bloemfontein. Inquiet de la direction, je demandai toujours qu'on se renseignât. L'énorme plaine était vide, sauf le Cattle. Nous aperçûmes enfin une ferme, mais il fallait repasser la Modder. La ferme était occupée par un détachement de Boers qui nous garantirent l'information des Cafres. Nous donnâmes à manger aux chevaux, qui en avaient grand besoin. Je bus longuement de l'eau, car j'avais la fièvre, puis nous retraversâmes la rivière, convaincus que nous allions vers Bloemfontein et aussi que ce n'était pas par la route de Petersburg, dont personne ne semblait supposer l'existence.

Le path devait nous mener de la Modder à la grande piste qui nous avait paru la suivre parallèlement. Nous ne la trouvâmes plus et débouchâmes enfin sur une grande ferme où s'étaient établis plusieurs wagons en campement. Des Boers, qui me connaissaient, nous reçurent avec leur hospitalité habituelle, donnèrent du fourrage à nos chevaux et, à nous, du lait frais et de l'eau. Je sommeillai dix minutes, la tête sur ma selle. Il était quatre heures quand nous repartîmes, cette fois bien documentés sur Petersburg. Il paraît que nous nous retrouvions sur sa route et seulement à deux heures. Elles furent éternelles, ces deux heures. A six heures, nous passions devant une ferme où l'on nous arrêta pour avoir des nouvelles. Jorissen ne put résister à l'habitude du tourne-bride, si chère aux Boers; il accepta le café. On nous en donna sans sucre, puis du lait caillé. Je sentais depuis quelque temps la fatigue se répercuter sur mes entrailles. Ce dernier traitement les mit pour de bon en déroute. Lorsque nous remontâmes en selle, la nuit gagnait sur les collines devant nous. J'aurais préféré, pour mon compte, rester à la ferme, bien qu'elle fût petite et bondée de famille, sous la présidence d'un très vieux grand-père. Mais Jorissen était tenté par l'hôtel de Petersburg.

Nous marchâmes donc vivement, surmenant nos pauvres chevaux et les yeux braqués sur la piste qui se confondait dans le noir avec le veldt. Enfin, la lune parut. Parfois, au loin, s'allumait une lumière dans la campagne, ou bien des lueurs d'éclairs derrière les kopjes nous donnaient l'impression que nous allions arriver. Mais, plus nous escaladions de rides de terrain, plus les déceptions se succédaient, et, après avoir mentalement renoncé au dîner, j'en venais à me détourner du gîte, pensant que nous finirions par nous jeter d'épuisement sur le veldt.

Enfin, un feu éclata devant nous et un espoir nous vint. Hélas ! ce n'était qu'un brasier de Cafres ! Mais ceux-ci nous affirmèrent néan-moins que Petersburg n'était pas loin, à deux kopjes seulement. C'était trop : deux kopjes encore ! nous n'en pouvions plus digérer, nous en avions tant avalé ! Alors je dis aux noirs que, s'ils nous conduisaient, je leur donnerai deux shillings.

C'était une certitude pour ne pas perdre le sentier et une assurance que ce n'était réelle-ment pas trop loin. Nous continuâmes au pas, talonnant nos chevaux. Un cart croisé après le premier kopje passé nous donna le rensei-gnement d'une distance de six cents pas. Je la multipliai par huit, cherchant à me rappro-cher des évaluations boers, et nous parvînmes enfin au deuxième kopje. Ce ne fut qu'après l'avoir de beaucoup dépassé que nous aper-çûmes l'unique lumière qui brillât encore à Petersburg. Il était près de minuit, j'étais resté à cheval quarante-huit heures ou presque.

XXVI

A Peetersburg.

17 *février*. — Bon hôtel tenu par des Allemands, excellent souper, bon lit où nous
couchons fraternellement après avoir assuré
le sort de nos chevaux. Ma nuit se ressent de
mon extrême fatigue, mon estomac n'a pu
résister. Je dors lourdement au matin, vais
ensuite au télégraphe pour envoyer une dépêche à Boshof au sujet de mon wagon, afin
qu'on l'achemine sur Bloemfontein s'il est
retrouvé. On n'en a aucune nouvelle. L'arrivée
de Coste me semble de plus en plus impro-
bable depuis que je connais la route, jamais il
ne s'en tirera ; quant à celle du wagon, j'y ai

renoncé depuis beau temps. On dit bien aux
dépêches que le général De Wet a capturé le
convoi anglais : 200 wagons

Il passe un commando qui va occuper le
Blanbankdrift sur le Rier par où les Anglais
ont fait leur mouvement. Mais je suis déjà
dans la zone de leurs opérations, puisque
d'autre part on dit la route coupée entre
Peetersburg et le hooflaager et que Jorissen
renonce à rejoindre son général. Il m'offre de
partir avec un docteur hollandais qui se dirige
cet après-midi sur Bloemfontein. Je crois que
je vais accepter, car il passe là-dessus un vent
de débâcle, et si les Anglais le veulent, le corps
de Cronje me semble incapable de résister.
En tout cas, il devrait déjà être en route sur
Boshof pour rompre le contact et occuper ce
nœud de routes important, dût-il, dans la retraite, laisser une partie de ses wagons.

18 *février.* — Nous sommes partis à 4 heures

du soir, hier, avec le Dr Lingbeck et M. Win-
cherlenk, deux Hollandais aimables, parlant admirablement le français comme les
autres langues, d'ailleurs, car tous sont d'étonnants polyglottes. Le soir nous couchons
dans une belle ferme boer. Il est plus de
neuf heures, nous avons marché vite, car Jorissen et moi nous suivons à cheval le cart
du docteur. On nous prépare à dîner avec des
œufs et du lait, un menu qui va bien avec
l'état de mon estomac. Nous avons tous un
lit, car les fermes sont toutes arrangées pour
une large hospitalité, et celle-ci est si connue
qu'on compte sur elle comme sur celle d'amis
les plus intimes. On avouera que ce n'est pas
banal.

A quatre heures du matin nous sommes en
route, ayant été réveillés par nos hôtes et lestés d'un café au lait. Quel bourgeois de Paris
se lèverait à trois heures pour cuisiner en faveur
de son meilleur ami ?

Nous prenons un chemin plus long, mais
plus carrossable que la grande route beaucoup

· rop ensablée. Malgré la fatigue de nos chevaux nous filons bon train, stimulés par le cart. Mon pauvre cheval, — c'est celui de Léon, — quoique très bon, est devenu lourd, je bûche sur lui comme dans du bois.

A huit heures, halte dans une ferme, lait offert par le fermier ; le docteur nous fait chauffer sur un commode fourneau à l'alcool de savoureuses conserves hollandaises, mélange de légumes, saucisses ou gibier en purée, qu'on mange sans pain et qui donne dans une seule boîte une alimentation complète.

Malgré la chaleur et les kopjes, une grande fatigue se développe par suite du manque d'air dans des bois de mimosas. Nous atteignons une ferme très luxueuse habitée par un Irlandais et sa fille, jeune personne très agréable. Confortable washing, excellent dîner sans pain mais avec superbe *pie* au poulet, excellent *irish* ragoût, remarquable *turtle* au *jam* servie avec de la crème fraîche, tout cela arrosé de lait et d'eau pure avec une profusion qu'explique la fièvre qui nous tient tous.

Enfin, à quatre heures de l'après-midi, Bloemfontein nous apparaît dans son cadre de verdure, et nous y entrons comme le vent, car
l'orage nous suit, nous baigne même de grosses
gouttes, et Jorissen comme moi n'avons tout
juste que ce que nous portons sur le dos.

19 *février*. — Je constate les avaries de ma
toilette : ma tunique est en loques, ma jam-
bière s'en va, ma sabretache perd son fond,
et mon étui à revolver laisse passer le canon...
Je ne puis ni changer de chemise, ni me
brosser, et pour cause : j'ai juste une brosse à
dents ; Jorissen a un savon. Je lui prends son
savon, mais en retour je ne lui prête pas ma
brosse. Nous dormons mal par trop grand
besoin de sommeil. La veille nous ne faisions
que boire, tant la soif était torturante. Après
être allé acheter une petite trousse de toilette,
première urgence, avoir envoyé des télé-
grammes au landroost de Boshop à qui j'avais

télégraphié de Peetersburg pour savoir s'il avait des nouvelles de mon wagon et, dans le cas de l'affirmative, le prier de me l'envoyer à Bloemfontein ; à Sauer, à Colesberg, pour lui demander s'il y était encore et lui indiquer ce qu'il fallait m'apporter ; à Greinberg pour avoir des nouvelles de Léon, j'ai rendu visite à M. Fescher, membre du Conseil exécutif, pour lui exposer mes vues sur la situation.

Il a fait aussitôt appeler le président Steijn, et j'ai remarqué de suite que son tailleur n'était pas celui de son collègue Krüger, ce dont je l'ai félicité *in petto*. J'ai exposé, d'abord, en français, traduit par Jorissen, puis m'échauffant, en anglais, qu'il fallait concentrer le commandement des troupes au Free State dans une main unique, que le général Delarey, par ses services, me semblait indiqué, qu'il le fallait à Bloemfontein avec une réserve capable d'agir, soit vers la Modder, soit vers l'Orange, du côté où le danger serait le plus pressant.

J'ai dit que les envois de commandos au général Cronje ne signifiaient pas grand'chose,

puisqu'il était cerné, qu'il fallait les envoyer
au général De Wet, qu'on disait rapproché de
la Modder après le brillant coup de main
où il avait capturé le train régimentaire de la
colonne tournante de Kimberley (180 wagons).
J'ai préconisé ensuite une série d'opérations
de guerilla contre les trains de Kitchener, afin
de le mettre dans l'impossibilité de vivre sans
nous exposer à l'arrêter de front, le pays trop
ouvert s'y prêtant mal. J'ai même offert d'établir un plan de défense rapide de Bloemfontein, mais le président m'a objecté avec raison
qu'il voulait en reporter la défense au loin
pour ne pas l'exposer à une prise d'assaut. Il
m'a dit qu'il allait entretenir la Commission
de la guerre des idées que je lui avais exposées
et m'a prié de surseoir à mon départ pour Colesberg.

Au club, beaucoup de gens aimables et trop
de boissons. L'après-midi a été occupé à la
recherche de mon consul introuvable, mon
cicerone m'emmenant dans les maisons où il
fréquente, me faisant faire trois visites à des

dames aimables, ci : trois thés. Enfin, le soir, à table, au moment où j'étais dans le marasme, une dépêche du landroost de Boshop m'annonce que mon wagon était retrouvé et en route pour Bloemfontein. .De l'affaire, j'ai pris un verre de cognac avec Jorissen. Les nouvelles restent graves quoiqu'on les atténue : Cronje est cerné. De Wet s'est rapproché de lui et reçoit des renforts, le corps de Ferreira opère dans le voisinage de Cronje, mais le pauvre Ferreira a été tué par accident en réveillant un soldat endormi qui avait chargé son arme. Du Toit a amené le long-tom de Kampfersdam ; il doit se trouver vers Riverton; d'après les uns, Kolbe est avec lui ; d'après les autres, il s'est rapproché de Boshop.

Tout cela est assez embrouillé ; une chose seule me paraît sûre, c'est que Sternberg, avec son idée bizarre de vouloir passer entre les colonnes ennemies, a été pris par les Anglais. Dieu veuille qu'il se retrouve, comme mon wagon !

XXVII

20 *février*. — La situation est toujours lourde d'incertitude. Cronje a bien bougé, mais le cercle se reforme sur lui ; il est sans communications même par dispatch-rider depuis dimanche. Les Anglais occupent en forces le Koodoosrand, kopje isolé aux environs de la Modder, à trois heures d'Abrahamskraal qui est à six heures d'ici (heures boers !). De We réunit les renforcements et doit attaquer pour rompre le cercle, mais rien n'est fait et je me méfie des Boers à l'attaque.

Ici, la commission de la guerre dirige les opérations ; nous savons ce que valent les cours auliques. Du Toit reste à l'est de Kimberley, campé, parce qu'on ne l'attaque pas, sans se douter qu'il est coupé et devrait, coûte que coûte, atteindre Boshop. On dit que Kolbe y est. Le corps de Ferreira devrait se trouver près des Anglais et coopérer à l'action de De Wet ; on n'a aucune indication précise sur son compte.

Journée vide d'attente. Mon cheval est fourbu, ce qui me met dans l'impossibilité de bouger quand même je saurais où aller. Le soir, ar_ rive le wagon avec Bréda, et M. Bosher qu'il a ramassé dans le désordre du départ de Kimberley. Kertanguy est perdu. On vient de la part du landroost me demander de certifier l'identité de M. Guillot, leur troisième compagnon. Il m'arrive en très piteux état et va prendre le train demain pour Pretoria.

Bréda a mené son affaire avec décision. Le quinzième jour de notre séparation, il aperçut, d'une hauteur, l'entrée des Anglais dans Kimberley, 5 à 6.000 hommes en très bon ordre. Il vit passer des Boers de Kolbe qui retournaient à ce laager; il fit atteler et les suivit. Il continua la retraite avec le laager de Kolbe vers du Toit, et ensuite tous deux se rendirent du côté du laager qu'on apercevait au loin de la ligne ferrée dans la direction de Riverton. Il y eut là combat, les Anglais s'étant portés dans cette direction. Bréda, sous les shells, se porta à travers champs avec son wagon dans la direction de Boshop. Il y arriva le samedi soir alors que, la veille, le landroost avait mon télégramme au sujet du wagon, ce qui lui permit de le diriger sur Bloemfontein. Comme la route de Boshop se rapprochait de la Modder, pour la passer, Bréda et Bosher entendirent deux jours le canon, mais ils ne furent pas inquiétés, se débrouillèrent avec leurs trois mots d'allemand et d'anglais, passèrent la Modder avec beaucoup d'eau et amenèrent ici l'équipage au complet quoique très fatigué.

Il reste, en ce moment, trois Français au camp de Cronje, dont Coste et le boy de Léon avec un de ses chevaux. Kertanguy ne peut être qu'aux mains des Anglais. Sternberg, avec son opiniâtreté à forcer les lignes d'opérations, a suivi la même route; on le renverra à Londres par le premier bateau. Les autres doivent gagner Pretoria. Bréda va faire de même, car il est déjà à son troisième cheval.

21 *février*. — Même situation languissante dans les opérations, malgré la crise du corps de Kronje. Je partirai demain, même sans nouvelle. La réponse de Sauer est enfin arrivée. Il fait une chaleur insupportable, et l'on s'ennuie à mourir. Nous touchons du fourrage et des fers pour les chevaux. J'ai décidé de renvoyer Bosher à Pretoria pour grouper les Français arrivés par le bateau des Chargeurs-Réunis ; si les informations sont exactes, ils seraient 300; j'ai écrit à M. Reitz pour lui dire que j'acceptais leur direction, au cas où leur groupement atteindrait 100! Cela pourrait m'appeler à Pretoria. De ceci peut sortir quelque chose d'utile. Mais je n'y croirai que lorsque la chose sera faite, tant, dans ce pays, tout s'oppose à l'action. Jorissen retourne à Pretoria.

22 février. — L'orage d'hier a empêché l'embarquement. Pas d'employés dans la gare qui est encombrée de Boers ! Après de minutieuses recherches on en découvre un qui consent à faire partir les deux chevaux de Léon pour Pretoria, mais notre chargement à nous ne partira que plus tard. Enfin nous partons, formant presque un train spécial. Nous montons sur le siège de notre wagon, car il n'y a pas de voiture de voyageurs.

Les nouvelles sont aussi mauvaises que possible, et il n'est pas douteux que je ne revienne bien vite de Colesberg, si j'en reviens. La formation du corps français arrangera peut-être les choses, mais le pays m'est trop connu pour que je me fasse des illusions. Les employés du chemin de fer du Free State sont des Anglais, et le service est très mal fait : c'est ainsi que l'on m'a fait partir à dix heures au lieu de huit pour être à Norvals Point à deux heures de l'après-midi et que, à Springfontein, on m'a déclaré vers u e heure que j'aurais à attendre le train du lendemain à onze heures du matin. Comme je voyageais sur un truck, je n'avais que l'alternative de camper à côté de lui. Autant la Compagnie hollandaise du Transvaal fonctionne régulièrement, et j'ajouterai aimablement, autant un voyage est difficile au Free State, et le sans-gêne complet. Si je ne m'étais pas informé, je n'aurais même pas su à quelle station prolongée j'allais être soumis.

23 *février.* — Comme de juste, on nous a fait partir à une autre heure que celle qui avait été annoncée hier. A huit heures, comme je me préparais à faire bouillir une bouteille de lait acheté chez le pasteur (non pas chez un berger, mais un prédicant), un boy me dit que nous allons être mis en route. Je chauffe très mal mon lait et n'ai que le temps d'accourir avec ma casserole, aidé par Bréda, qui porte les gobelets et le sucre, pour prendre notre déjeuner sur notre truck.

Le paysage change vite. Nous ne tardons

pas à cheminer entre des kopjes rocheux de plus en plus resserrés au point d'encastrer la voie et la modeste rivière entre leurs pentes abruptes. De l'herbe par touffes ou des busches, un pays difficile ayant du caractère, des fermes très verdoyantes au creux des hauteurs, avec une *dam* arrosant cette verdure, des moutons, des autruches, des chèvres laineuses. De-ci de-là de petits laagers, même resserrement, mêmes animaux. Les kopjes s'abaissent vers l'Orange.

Le fleuve coule avec une certaine majesté, il a plus d'eau que je ne croyais entre des berges à pic et laisse sur son cours une traînée d'arbres. On le passe sur un pont de fer et l'on arrive à Norvals-Point. Des voies de garage, un quai et le fourmillement de Boers, de wagons d'animaux, les amoncellements maigres des commissariats du Transvaal et du Free State. Nous sommes à ma demande débarqués assez vite, je fais boire mon cheval, tandis que nous déjeunons au galop entre beaucoup d'interviews chez le brave Boer qui nous prête sa table et nous donne un thé détestable pour deux shillings. A une heure nous partons pour Colesberg. Durant le débarquement une mule m'a rué dans les jambes et a brisé le boîtier de ma montre. **Une ruine de plus.** Les ruines, hélas ! hélas ! je n'en suis **plus à** les compter.

Nos lecteurs remarqueront que le *Carnet de Campagne* du colonel de Villebois-Mareuil présente une importante lacune qui va du 23 février au 4 mars.

Les calepins sur lesquels le colonel écrivait quotidiennement ses impressions ne contiennent aucune trace de notes prises pendant ces huit jours.

Il est peu probable que le colonel ait, pendant ce laps de temps, renoncé à une habitude qui lui était chère. Peut-être faut-il croire qu'il avait, ce qui lui arrivait parfois, fait usage de feuilles volantes et que celles-ci se seront perdues avec l'une de ses cantines ou

auront été ensevelies avec lui dans la tombe
creusée à l'endroit même où il trouva, à Boshop, une mort héroïque et glorieuse.

4 *mars*. — Camp de la Modder du général
De Wet. — Je viens de parcourir les positions,
elles sont enfantinement fausses. Les Anglais,
qui sont comme nous sur la rive gauche de la
Modder, vigoureusement attaqués maintenant
qu'elle est un obstacle, pourraient s'y trouver
fâcheusement acculés. Mais à quoi bon les combinaisons ? Avant, il n'y avait pas de généraux ;
maintenant, en outre, il n'y a plus d'hommes.
Sur les routes, on les voit filant, se dérobant
avec leurs chevaux de main. La désertion est
complète, comme la démoralisation au fond.
Ceux qui sont francs vous interrogent, anxieux
sur la fin de la guerre, ceux qui posent encore
sont, en général, les francs-fileurs qui cherchent
à se faire une attitude comme correctif à leur lâ-
hage. Il y a toujours eu dans les laagers trois

sortes d'hommes ; ceux qui se battent par
tempérament ou conscience, l'élite, le dessus
du panier; ceux qui restent toujours au laager,
le poids mort qui ne compte que pour les distributions ; ceux qui ont des relations, une
protection d'un membre du Volksraad, dont
l'existence se passe en permissions et qui se
font d'autant plus chauvins qu'ils s'éloignent
davantage du front. Pourquoi s'en étonner ?
Ces choses dans un état social et politique quel-
conque sont inévitables, si le lien militaire ne
vient serrer, fût-ce à vif, la chair d'un peuple
aux heures de crise, impitoyable et fort comme
la destinée qu'on doit dompter. Sans discipline, sans vertu militaire, l'homme se retrouve
avec ses défaillances de nature, l'homme ordinaire s'entend, car le héros est l'exception. Ici,
la tradition héroïque apparaît peut-être moindre qu'ailleurs. Le premier soin du Boer est
de parer à sa sûreté. Se mesurer avec l'adversaire ne lui importe qu'après s'être ceinturé
des blocs d'un kopje. Ceux qui attaquent, ou
plutôt qu'on pourrait dresser à l'attaque, son

d'autant plus admirables et rares que c'est les mettre en contradiction avec tous les principes de leur éducation. Leur admirable cheval et la précision de leur tir font des Boers de sérieux adversaires ; vouloir les monter en héros, c'est aller précisément à l'encontre de leur nature. Si le succès a pu stimuler la masse au début des opérations, alors que l'abandon du foyer se trouvait trop récent pour être douloureux, les revers, après cinq mois de campagne, entraînent le désastre. Ici il apparaît certain, ce n'est qu'une question d'heures.

XXVIII

4 *mars* — Les positions ne couvrent rien et invitent l'ennemi à la manœuvre tournante, qui nous acculerait à notre tour à la Modder et renouvellerait pour De Wet la capitulation de Cronje.

La position des Boers forme un arc concave devant la droite anglaise, elle est complètement débordée sur sa gauche, et les laagers, détachés de ce côté à 3 ou 4 kilomètres du groupement principal, peuvent surveiller inutilement une grande plaine de ce côté, car, si le mouvement enveloppant se fait tactiquement, il passera entre eux et le corps principal et, s'il a une envergure stratégique, ils n'en auront aucune certitude. A première vue, ce mouvement stratégique semble commencé et d'ici à deux jours au plus il aura tout son développement. La guerre avec cette innocence d'un côté n'est plus qu'une manœuvre contre un ennemi figuré.

J'ai parcouru ces positions, plein d'anxiété pour leur fragilité, j'ai senti la même fragilité chez ceux qui les tenaient; notre heure est donc proche.

En m'y promenant, levant des lièvres et des korals, il m'est arrivé une chasse assez curieuse, dont Bréda a pris sa part. Deux faucons chassaient une outarde. Nous les suivions avec intérêt, quand la chasse s'organisa aussi pour nous, galopant après l'oiseau quand il se posait; les faucons le rabattaient dans son vol, si bien que nous jouions à la raquette avec la pauvre bête, nos chevaux allumés par le jeu, les faucons décidés à faire preuve de dilettantisme. Au bout d'une vingtaine de minutes l'outarde, étourdie de coups de bec, épuisée dans son vol, fut assommée par nous et pendue à la selle de Bréda.

Les orages se multiplient, terribles. Hier, nuit atroce ; même promesse pour celle-ci.

5 *mars*. — Notre reconnaissance a été mouvementée. Nous en savions devant nous une autre commandée par le général Botha. Cependant, avec cette étendue d'horizon, si l'on distingue l'homme de très loin, il est impossible, par contre, de se rendre compte de son costume. Aussi nous avancions-nous sagement, quoique sans défiance, vers un gros de cavaliers en silhouette sur la ligne d'horizon, quand nous fûmes tirés sur notre droite, c'est-à-dire du côté anglais. A ce moment, les cavaliers d'en face s'ébranlèrent en fourrageurs sur une ligne très régulière, qui nous indiquait une troupe manœuvrière, et sur notre gauche nous vîmes accourir d'autres cavaliers galopant vers nous. Nous fîmes donc demi-tour pour nous rapprocher des positions boers qu'on apercevait encore.

A ce moment, nous fûmes tirés d'assez près par des tireurs postés dans la brousse. Nous mîmes alors au galop allongé et filâmes à grande allure, jusqu'à ce que nous vîmes des Boers accourir à notre rencontre. Leurs yeux, mieux encore que nos jumelles, nous convainquirent qu'il y avait méprise. Nous étions poursuivis par la reconnaissance du général Botha, ou plutôt, ces cavaliers, après une escarmouche avec de l'infanterie montée anglaise, se retiraient en même temps que d'autres, ceux q u semblaient devoir nous couper la route suivaient à la charge le cheval du général échappé.

Bien que le chef des éclaireurs du général nous engageât à revenir avec ses hommes, notre isolement devant les lignes anglaises lui paraissant dangereux, nous continuâmes notre pointe. Je savais, en effet, que les reconnaissances des Boers se bornent généralement à une action avec les patrouilles adverses, ou à un rapt de chevaux, et se retirent sans rapporter d'indications sur les mouvements de l'ennemi. Il me fallait en obtenir, car je souhaitais garantir, au moins, ma sûreté personnelle et celle de mon wagon, au cas où le général De Wet, voué au sort de Cronje, s'obstinerait, malgré les renseignements, à faire face à la gauche anglaise, insoucieux de la manœuvre extensive de la droite. Bientôt nous sommes rejoints par un Boer qui nous prend pour des Anglais et s'approche en criant: *Hands uv!* Quand il voit qu'il a affaire au France-Colonel, son visage s'épanouit, et nous conversons Il rejoint quatre Boers restés dans une ferme, en plein voisinage anglais, d'où nous supposions avoir été tirés par l'ennemi. C'était donc un cadeau des Boers. Nous rejoignîmes ceux-ci en agitant nos chapeaux. Ils retraitaient, mais me donnèrent d'utiles indications et, après échange de poignées de main, nous restâmes seuls maîtres de l'exploration, tandis qu'ils s'éloignaient, agitant une casserole dérobée dans la ferme. Je voulais savoir si les Anglais nous avaient débordés y compris un laager de patrouilleurs. Je tenais à connaître aussi dans quelles conditions s'opérait leur mouvement et s'il devait avoir une portée stratégique ou tactique. Pour cela il me fallait atteindre les positions anglaises, couper la route de Petrusburg et m'avancer, autant que le terrain me le permettrait, jusqu'aux parties basses qui devaient cacher le mouvement. Dans ces clartés d'atmosphères transvaaliennes, il y a des mirages d'hommes, de colonnes, de poussières et d'indices, comme il y a des mirages d'eau. On est obligé de corriger tous les doutes en s'approchant.

Bientôt nous eûmes en vue des colonnes anglaises cheminant vers le sud-ouest et longeant d'autres positions anglaises déjà établies et gardées. J'en conclus à un mouvement successif d'unités, à une sorte de manœuvre oblique à la Frédéric, débordant les camps boers. Plus au loin, je surpris un régiment de cavalerie évoluant, qui pouvait être l'apparition d'une grosse colonne. Après une attente, l'apparition d'une longue file de wagons me fit croire plutôt à l'escorte d'un convoi, dont la direction serait partie de Jacobsdaal. A un mo-

ment, poursuivant nos opérations nous nous
trouvâmes à 1.500 mètres d une grand'garde,
et ce voisinage eût pu nous inspirer de salu-
taires réflexions, quand notre attention fut
éveillée par une grosse poussière vers notre
gauche et toute l'apparence d'une colonne importante. Y galoper nous fit oublier le reste,
même la prudence la plus élémentaire. Après
une longue observation qui rectifia la première
au point de vue des indices et ramena l'incident
à un simple mouvement d'escadrons, nous
revînmes paisiblement, ménageant nos chevaux. Tout à coup nous sommes salués d'une
salve à gauche, à moins de 200 mètres, et, dans
le crépitement d'une fusillade acharnée, nos
chevaux bondissent dans une course désordon-
née. Le bonheur voulait que nous n'eussions
pas nos chevaux épuisés, ayant emprunté trois
excellentes montures au dernier laager où
nous avions touché. Leur vigueur nous sauva,
car les Anglais nous saluèrent d'un feu nourri
jusqu'à ce que nous fussions hors de portée.
Je me demande encore comment cette embus-

cade put nous manquer, posés en cible comme nous l'étions et à cette distance. Le peloton accouru devait s'être essoufflé en remontant la pente. J'imagine aussi que ma tunique noire et mon apparence européenne, ainsi que l'acte de cette reconnaissance osée, nous avaient spécialement désignés à leur feu. A la distance où ils tirèrent, leurs présomptions durent se changer en certitude.

Au retour, je pus causer avec le général Botha, frère du général Louis Botha, de Colenso, et comme lui homme charmant, intelligent, doué également quant au physique. Je lui fis part de mes observations, lui exprimant mes craintes, vu l'espacement incohérent de nos positions, qu'il ne fût coupé du général De Wet. Comme moi, il jugeait la situation critique, et il me parut partager non moins mes idées sur la nouvelle tactique qui s'imposait : jeter simplement un masque devant les Anglais pour retarder leurs progrès et organiser sur leurs lignes d'opérations une série de destructions méthodiques, de manière à leur in-

terdire de plus en plus le mouvement en avant.
J'eus le regret de ne pas être aussi bien compris ou, au moins, aussi sérieusement par le
général De Wet, quand le lendemain seulement, de très bonne heure, vu ma rentrée
tardive au camp, je pus l'entretenir de ces sujets. Je ne croyais pas qu'il fût attaqué ce
jour-là, mais le jour suivant probablement. Je
lui affirmai en tout cas qu'il était complètement tourné et que, si les Anglais retardaient
leur attaque, ce serait en vue de l'envelopper
en l'acculant à la Modder. Il me répond t qu'il
venait d'envoyer des renforts au général Botha
et resta pour moi dans cette insondable sécu-
rité du Boer, dont on ne sait s'il la feint par
besoin d'inertie ou s'il l'éprouve par incom-
mensurable insouciance.

XXIX

6 *mars*. — Ce fut donc le matin à l'aube que je vis le général et vers dix heures les Anglais lui avaient déjà confirmé mon dire.

J'aurai joué pour Cronje comme pour De Wet les Cassandre et, comme je n'avais aucune raison dans l'un comme dans l'autre cas de cacher aux Boers des craintes que chacun pouvait trop bien vérifier, les Boers sont restés convaincus que j'ai vu juste sur la Modder comme sur la Tugela. Si je suis peu insistant par nature et si j'ai une particulière horreur de m'immiscer aux choses dont je n'ai pas la responsabilité, j'ai toujours tenu, même avec les plus sérieux risques personnels, à remplir une mission de conseil auprès des généraux qui m'accueillaient avec bienveillance à leur quartier général, mission qui, selon moi, devait répondre à cette bienveillance. Si l'événement m'a donné raison avec tant d'éclat, je suis loin de m'en attribuer un mérite. Il n'y a pas de troupe à l'école agissant contre un ennemi marqué dont on ne puisse prophétiser la manœuvre. Or, les Anglais étaient là à l'exercice contre un simple plastron. Ce qui rendit ce jour-là leur action plus significative fut l'arrivée du président Krüger au hooflaager, tandis que retentissaient les premiers coups de canon des attaques de front et de flanc. A peine s'il put s'entretenir dix minutes avec les uns et les autres. Je sus ainsi qu'il se préoccupait de constituer un gros corps d'Européens dont je prendrais la direction. Il était là vêtu de noir par un tailleur qui certes n'avait rien d'anglais, coiffé de l'immuable vieux haut-de-forme qu'il pose sur sa tête comme premier acte à son réveil, comme il coifferait une couronne, et qu'il ne quitte plus jusqu'à ce qu'il s'endorme le soir. Il parlait en homme qui se rappelle tous les cloaks, tous les kopjes d'un pays qu'il battit jadis en chasseur de fauves. Mais soudain il remonta en voiture et, tandis que ses mules le ramenaient au galop vers Abrahamskraal, on eût dit la fortune des deux Républiques en déroute devant celle de la Grande-Bretagne redevenue désormais triomphante. La vérité est qu'en agissant en grande masse comme ils eussent dû le faire au début et choisissant le vrai théâtre d'invasion, les Anglais ne peuvent plus être que retardés, mais qu'en fait ils ont décidément partie gagnée.

Ceux qui ont assisté à l'abandon des positions de De Wet sans un engagement d'infanterie, par simple impression déprimante des 40.000 hommes qui s'apercevaient déployés dans la plaine, ont acquis également la triste certitude de la démoralisation des bandes boers. Il n y a eu qu'une retraite qui ne s'est pas transformée en déroute parce qu'elle a eu lieu sans combat et que les Anglais, fatigués par leur déploiement et trop éloignés, n'ont pu passer à la poursuite.

Après avoir en hâte expédié mon wagon, j'ai vainement cherché un point où se fussent accrochés quelques éléments décidés à tenir. Sur tout le veldt, les Boers se détachaient par groupes, flanqueurs conscients ou non des wagons, dont la file marquait la piste d'Abrahamskraal. On ne se pressait pas, l'on était sûr d'avoir le temps, sûr aussi d'une volonté très ferme de ne pas se battre. J'ai cherché à en retenir sur un gros kopje, qui tenait toute la plaine juste au-dessus du passage de la route de retraite. Ils m'ont écouté avec la distraction d'hommes dont le parti est pris. Je m'en suis allé alors, et ce n'est qu'après mon départ qu'une section d'artillerie du Free State est venue très délibérément au pied de cette position pour ouvrir le feu. Les wagons des attachés, partis longtemps après le mien, se voyaient déjà loin. Celui du colonel Gourko, ayant brisé son essieu en sortant du laager, avait dû être abandonné à la garde de son domestique. Les Anglais le prirent et aussi le colonel, qui, ayant tardé sur un kopje, passa un mauvais moment entre le feu des Boers et des dragons anglais. J'avais pu craindre d'abord que la cavalerie anglaise ne nous devançât à Abrahamskraal, elle eût tout pris sans résistance. Mais, après avoir contribué à l'action et capturé la queue de notre convoi, soit fatigue, soit timidité, elle n'avait pas poussé au delà. Seule une artillerie nous suivait sur la rive droite de la Modder, dans l'intention probable de canonner notre campement. La menace, d'ailleurs, ne fut suivie d'aucun effet. Après avoir dételé d'abord au kraal pour faire boire, je portai le wagon à 3 kilomètres plus loin dans une position militairement acceptable, où, du reste, la police de Johannesburg cherchait à arrêter les fuyards. Mes dispositions pour camper là furent modifiées par le départ général des wagons, et ce n'est que vers minuit que nous dételâmes pour de bon, arrêtés derechef par ces postes de police placés là pour limiter la débandade. Elle s'étalait dans tout son sansgêne, et les cavaliers passaient par les mailles du filet, si les wagons s'y trouvaient retenus.

.*7 mars.* — Dès l'aube nous sommes partis pour aller camper au croisement des routes de Petrusburg et d'Abramskraal. Dès la veille au soir, j'avais été rejoint par quinze Français arrivant de Pretoria; dans la matinée, j'en joignis quinze autres; beaucoup étaient porteurs de lettres pour moi, dont la lecture tombait mal sur notre désastre. Elles étaient pleines d'espoir pour les Boers et enthousiastes de leur attitude. Hélas! cette attitude se faisait bien lamentable devant ces Français venus au succès et tombant dans la débâcle! J'avais connu d'autres horizons au début. Quatre Français, en outre, entrés dans une compagnie allemande à Colesberg, venaient aussi se mettre à ma disposition. Cela m'en faisait une quarantaine. Ce soir, je. leur indiquerai l'action que je compte leur demander; ils vont être le noyau du groupement étranger qu'on songe à former en haut lieu. Si le petit groupe d'Etchegoyen-Coursenay, laissé à Bloemfontein et égaré je ne sais où, rejoint, j'aurai une cinquantaine d'hommes plus ou moins montés et armés, mais tous désireux de marcher. Laissant donc nos wagons ici à portée de Bloemfontein, je les ramènerai demain sur le front, que tient maintenant le général Delarey avec une réserve arrivée de Colesberg et qui s'est croisée avec nous, hier, durant la nuit. En tout cas, cette demi-journée de repos était indispensable pour nos pauvres chevaux, et la station pour les mules, si courte qu'elle soit, paraît bien nécessaire devant l'inconnu du trajet qui peut nous ramener au Transvaal.

FIN

2178. — Paris. — Imp. Hemmerlé et Cᵉ.